事業者必携

◆これならわかる◆
最新 不動産業界の法務対策

認定司法書士
松岡 慶子 監修

三修社

本書に関するお問い合わせについて

　本書の記述の正誤、内容に関するお問い合わせは、お手数ですが、小社あてに郵便・ファックス・メールでお願いします。お電話でのお問い合わせはお受けしておりません。内容によっては、ご質問をお受けしてから回答をご送付するまでに１週間から２週間程度を要する場合があります。

　なお、本書でとりあげていない事項や個別の案件についてのご相談、監修者紹介の可否については回答をさせていただくことができません。あらかじめご了承ください。

はじめに

　不動産をめぐる法律や規制は数多く存在し、そのほとんどが、他人との利害調整や公共性への配慮から設けられています。不動産開発を一つの例に考えてみましょう。

　不動産開発では土地の仕入れから建物の建築、販売まで一連の流れをたどることになります。まず土地を購入し、その土地上に分譲マンションなどの建築物を建てようとするとき、都市計画法や建築物基準法などの規制に直面します。これは無秩序に建物が乱立することで地域住民の安全性や快適さが害されることを防止するという公共性の配慮から設けられた規制です。次に、建設した分譲マンションを販売する際には、宅地建物取引業法や消費者保護法の制約を受けることになります。契約に関する基本事項は民法に規定されていますが、売り手（不動産業者）と買い手（一般消費者）との間に情報や知識量に偏差がある不動産取引の場面で、対等な当事者間の取引を想定する民法の規定をそのまま適用することは、買い手に不利益を生じさせ、不動産取引の安全性を害することになります。そこで民法の原則を修正した宅地建物取引業法などの特別法により、不動産業者に厳しい制約を課すことで消費者保護を図っているわけです。こうした法律や規制を知らずに取引を行うと、大きな損失や、紛争を招来しかねません。

　本書では、不動産の実務担当者を念頭におき、不動産取引の安全性を確保する上で必要となる法律や制限法令についての知識をわかりやすく解説しています。特に不動産売買や不動産賃貸などの流通に関わる分野では、消費者保護の要請が強く働くことから、規制や制約も多いため、詳細に説明しています。

　本書をご活用していただき、不動産実務に携わる皆様のお役に立てていただければ、監修者としてはこの上なく幸せです。

　　　　　　　　　　　　　　監修者　認定司法書士　松岡　慶子

Contents

はじめに

第1章　不動産業界の法律と仕事

1	不動産について知っておこう	10
2	不動産業を規制する法律について知っておこう	13
3	宅地建物取引業法について知っておこう	16
4	宅地建物取引業の免許を申請するには	20
5	不動産業はどのように分類できるのか	26
6	不動産開発について知っておこう	30
7	媒介契約について知っておこう	34
8	仲介手数料について知っておこう	37
9	不動産取引の基本について知っておこう	39
10	不動産広告についての規制を知っておこう	42
11	不動産取引に関する資格について知っておこう	44
12	不動産業界団体、流通機構について知っておこう	46
13	取引価格はどのように決まるのか	48
14	土地の価格にもいろいろある	50
15	事故物件などの特殊な物件には説明義務がある	53

第2章　建築規制・道路境界・登記のしくみ

1	都市計画法の概要を知っておこう	56
2	建ぺい率・容積率について知っておこう	62
3	建築基準法について知っておこう	65
4	開発許可・宅地造成工事について知っておこう	71
5	建築確認申請について知っておこう	73
6	建築工事について知っておこう	76
7	建築基準法と道路の関係について知っておこう	79
8	境界について知っておこう	84
9	塀の設置について知っておこう	88
10	登記記録について知っておこう	92
11	登記申請について知っておこう	98
12	登録免許税について知っておこう	102

第3章　不動産取引のしくみ

1	不動産売買契約の性質について知っておこう	106
2	意思表示に欠陥がある場合にはどうなる	108
3	不動産の売却手続きの流れをつかもう	111
4	不動産売買の登記申請について知っておこう	113

5	手付金や違約金について知っておこう	118
6	不動産取引を行うための必要書類について知っておこう	121
7	売買契約書のチェックポイントについて知っておこう	124
8	瑕疵担保責任について知っておこう	129
9	国土利用計画法の届出について知っておこう	133
10	農地の売買について知っておこう	135
Column	不動産の売買とクーリング・オフ	138

第4章　賃貸借契約のしくみ

1	借地借家法について知っておこう	140
2	敷金や保証金の返還債務について知っておこう	142
3	家賃保証について知っておこう	148
4	賃貸借契約書の記載事項をおさえる	151
5	原状回復義務について知っておこう	157
6	契約の更新について知っておこう	160
7	供託について知っておこう	162

第5章　担保・競売・任意売却のしくみ

1	担保について知っておこう	166
2	公正証書について知っておこう	168

3	サービサーについて知っておこう	173
4	さまざまな売却方法がある	175
5	不動産競売について知っておこう	179
6	任意売却について知っておこう	185

第6章　さまざまな不動産の活用や管理の方法

1	土地活用について知っておこう	190
2	管理委託とサブリースについて知っておこう	192
3	ロードサイドショップについて知っておこう	195
4	事業用定期借地権について知っておこう	198
5	不動産信託について知っておこう	201
6	駐車場契約について知っておこう	203
7	空き家問題にビジネスの可能性はあるのか	206
8	なぜ民泊が注目されているのか	213

第7章　民法（債権法）改正と不動産取引

1	民法改正についての全体像	220
2	意思表示・時効をめぐる改正ポイント	221
3	債務不履行をめぐる改正ポイント	224
4	売買をめぐる改正ポイント	226

5	賃貸借をめぐる改正ポイント	229
6	保証契約をめぐる改正ポイント	232
7	その他の主な改正ポイント	235

第8章　不動産に関する税金のしくみ

1	不動産に関連する税金について知っておこう	238
2	取得費と譲渡費用について知っておこう	240
3	マイホームや事業用資産の特例について知っておこう	242
4	不動産取得税について知っておこう	244
5	土地や建物を賃貸した場合の税金について知っておこう	246
6	不動産の売却と税金について知っておこう	248
7	固定資産税、都市計画税について知っておこう	250
8	住宅ローン控除について知っておこう	252
9	住宅ローン控除の手続きと注意点について知っておこう	254

第1章
不動産業界の法律と仕事

不動産について知っておこう

日本では土地と建物は別個の不動産として扱われている

● 土地と建物は不動産

　民法86条1項は、「土地及びその定着物は、不動産とする」と規定しています。定着物とは、文字どおり「土地に定着した物」のことで、主に家屋をはじめとする建物等を指しています。ここで、しっかり認識しておかなければならないことがあります。それは、日本では土地と建物が異なる不動産として扱われているということです。一般的には、建物を所有している人は、当然に土地に対する所有権を持っているものだと感じていることが少なくないと思います。しかし、土地を所有している人は、その土地の上に建っている建物に関して、建物が建っている土地を所有していることを理由として、建物についての所有権を主張することはできません。実際に、不動産登記においては、所在地を同じくする土地の登記簿と建物の登記簿であっても、それぞれ別個の不動産として編成され、明確に区別されています。

　そのため、土地とその上に建っている建物とを一括して売買する場合には、理屈の上では、その土地の所有権とその上の建物の所有権との、2つの所有権を売買することになります。もっとも、土地の売買と建物の売買は、一般的には同一の機会で行われることが多いため、一度の売買契約において、土地と建物両方の売買を行うことが可能です。

● 不動産にはどんな特徴があるのか

　不動産に共通する特徴として、主に①不動性、②不増性、③永続性、④個別性という4つの性質を挙げることができます。
　前述したように民法における不動産とは、土地やその土地の定着物

のことを指し、定着物には建物の他に、立木、橋、石垣などが挙げられます。一般的な認識と合致するところですが、これらの特徴は、容易に動くことがないということが挙げられます。この性質を不動産の不動性または固定性と呼びます。反対に、不動性を持たない物は動産と呼ばれており、民法上の不動産と動産の区別は、不動性の有無によって図られているということができます。

次に不動産の不増性を見ていきましょう。これは、時の経過に伴ってひとつの不動産が自然に増加することはないという性質です。特に土地に関して顕著な性質といえ、一筆の土地は、突発的な地殻変動でも起きない限り、増えることはありません。これに対して、建物については、増改築によって増加することはあり得ます。もっともそのような作業を介すことなく、一棟の建物が自然に増加することはありませんので、建物についても不増性を認めることが可能です。

不動産の永続性とは、ひとつの不動産が長期間に渡って存在し続けることができるという特徴をいいます。これは不動産の不増性とも関係しますが、たとえば土地についていえば、増減することなく、半永久的に同一の場所に存在し続けることができます。また、建物についてい

■ **土地と建物の関係性**

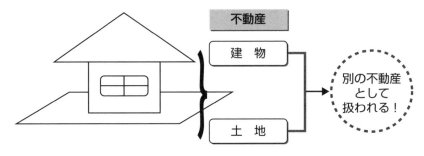

ては増改築や滅失による増減の可能性はあるものの、数百年前の建物が現存しているように、長期間に渡り存在し続けることが可能です。

そして、ひとつの場所にある不動産と、同じ形・大きさの不動産は存在しません。これを不動産の個別性と呼びます。

● 土地とは

厳密に土地を分析すると、ある一定の範囲に存在する地面の他に、その地面の空中部分と地中とに分けることができます。

地面に関していえば、海洋等により物理的に分けられない限り、基本的に仕切りなどは存在しません。そこで、不動産としての「土地」と呼ぶには、人工的に一定範囲に区分された地面を指すことになります。そして、実際に土地を所有している人であっても、あまり意識することはないと思いますが、ある土地を自由に利用するためには、その土地の空中部分や地中部分も含めて、ひとつの土地であると認識する必要があります。たとえばある土地の上に電線を通すにあたり、空中の所有権が土地の所有権と別個であれば、電線を通すことは他人の所有権を侵害するおそれがあることになりますし、これは地中に水道管等を新たに敷く場合であっても同様です。

● 建物とは

建物については「屋根及び周壁又はこれらに類するものを有し、土地に定着した建造物であって、その目的とする用途に供し得る状態にあるものでなければならない」と規定されています（不動産登記規則111条）。つまり、屋根や壁などにより外部と隔てられ、土地に定着している必要があるということです。もっとも一般的には、建物と呼ぶためには、単に屋根や壁だけでは足りず、その他にも柱や天井・床などを備えている必要があります。

不動産業を規制する法律について知っておこう

不動産売買には法律の知識が欠かせない

● 基本事項は民法に規定がある

　土地・建物の取引については、他人の権利との利害を調整するため、あるいは居住者をはじめとする利用者の権利・利益を保護するため、さまざまな法律の規制があります。

　不動産をめぐる主な法律関係としては、土地・建物の売買や賃貸借、建築請負、抵当権の設定、相続等が挙げられます。これらについての基本的な決まりごとは、民法に定められています。

　ただ、民法の決まりだけでは、多種多様な法律問題に対して十分な対処ができないため、多くの特別法が定められています。たとえば、不動産の売買や賃貸借契約などの取引を仲介・代理を行う業者は**宅地建物取引業者（宅建業者）**と呼ばれていますが、誰でも自由に行うことができるわけではありません。宅地建物取引業法（宅建業法）という法律によって、免許が与えられた宅建業者のみが宅地建物取引業（宅建業）を行うことを許可されています。この免許制度によって、宅建業者が、一般の消費者に対して不正を行い、消費者を不当に不利な契約に巻き込んでしまうことを防止しています。

　なお、宅建業法の規制については、違反に対して罰則も規定されているため、宅建業者は厳しく監督・規制されているといえます。

● 売買に関わる法律

　不動産売買については、農地の転用や取引の規制を目的とする農地法や、国土利用計画法などによる規制があります。さらに、使用方法をめぐっていくつかの法規制も設けられています。たとえば、土壌汚

第1章　不動産業界の法律と仕事

染を防止するために土壌汚染対策法に則る必要がありますし、土地を造成する場合には、一定規模以上の切土や盛土を義務付けて、土砂の流出による被害を防止するために、宅地造成等規制法に基づく規制に従わなければなりません。

　また、特に新築住宅に関する欠陥住宅の販売規制や欠陥補償の確保のために、「住宅の品質確保の促進等に関する法律」や、「特定住宅瑕疵担保責任の履行の確保等に関する法律」も定められています。新築住宅は高額で、消費者にとっては、繰り返し購入する物ではありません。そのため、これらの法律では、新築住宅の品質を確保するため住宅性能表示基準や住宅性能評価の制度を設けるとともに、欠陥住宅の修理や賠償金の支払いについても、引渡しから10年まで請求を可能とするなどの保護規定が設けられています。

　法律以外でも、各地方公共団体が条例に基づいて、一定地域内の調和を保護するために規制を設けています。これらの条例の先駆けとして、特に建物を建築することで、周囲に居住する人々の景観を損なうことを防止するために設けられた「景観条例」が挙げられます。もっとも、景観に関しては、現在では景観法が定められ、法律レベルでの規制が設けられていますが、その他にも、幅員が4m未満の一般に利用されている道（狭あい道路）に関して、緊急車両の通行を妨げたり、災害時の避難が困難になるなどのさまざまな問題解消をめざして、「狭あい道路拡幅整備条例」が整備されています。また、一定の高さを超える崖の上部または下部に建築物を建築する場合には、災害等の防止目的で擁壁の設置を義務付ける「崖条例」と呼ばれる条例も存在します。

● 賃貸借に関する法律

　特に建物は生活の重要な基盤になりますから、建物に関係する賃貸借は他の賃貸借契約と区別して特に保護する必要があります。そこで、

借地借家法が制定され、民法の原則を修正しています。具体的には、建物所有を目的とする土地の賃借権（借地権）や、建物の賃借権（借家権）について貸主による一方的な解約を制限するなど、借主の権利が強化されています。

● マンションについての法律

マンションなどの集合住宅は、複数の住人が敷地や建物の共用部分を共有する点で、通常の一戸建てとは異なるため、建物の管理や使用について居住者相互の関係を規律する必要があります。そこで、「建物の区分所有等に関する法律（区分所有法）」が制定されました。

また、マンションの住民のニーズに適切に応え住環境を保護することと、マンションの資産価値を守るために、マンション管理適正化法による規制が設けられています。この規制に基づき、たとえばマンション管理士という資格者が、管理組合や区分所有者の相談に応じ、適切な助言・指導等を行うことが義務付けられています。その他、「マンション建替え円滑化法」といった法律もあります。

■ 不動産にまつわる法律

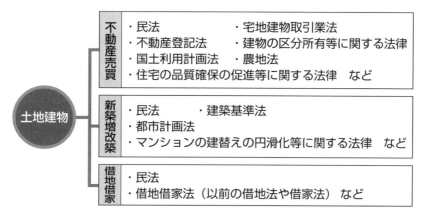

宅地建物取引業法について知っておこう

宅建業者への媒介契約や報酬については法律で決められている

● どんな法律なのか

　不動産業は誰もが営むことができるものではありません。不動産は高額であることが一般的ですので、取引において事故が発生した場合に、消費者が被る被害は甚大に及ぶ可能性があります。そこでそのような事故を未然に防止することで、一般の消費者が安心して仲介業者に依頼できるようにするため、**宅地建物取引業法**という法律によって、免許を受けた者（宅地建物取引業者・宅建業者）でなければ不動産取引の媒介・代理などはできないと定められているのです。

　「**宅地建物取引業法（宅建業法）**」とは、宅地建物取引業を営む事業者に対して必要な規制を行うことで、業務の適正な運営を促進することはもちろん、宅地や建物の取引の公正さを確保し、宅地や建物を購入する一般消費者等の保護に主眼を置き、宅地や建物の流通の円滑化等を目的とする法律です。

　宅地建物取引業（宅建業）とは、具体的には、土地や建物を自ら売買・交換する事業、または土地や建物の売買・交換・賃貸を仲介（媒介）もしくは代理する事業を指します。そして、宅建業法の適用の対象になるのは、当該業者が宅建業を「業として」行っている必要があります。業として行っているのか否かは、基本的には取引の対象者が不特定多数の者か否かや、取引の反復継続性があるか否かなどによって判断します。

● 宅地建物取引業免許の種類

　宅地建物取引業の免許には、2種類の免許があります。それは知事

免許と大臣免許の2種類です。もっとも、知事免許よりも大臣免許の方が多様な業務を扱えるなどという業務内容の差や、いずれかの免許が上位に位置付けられるわけではありません。

　まず、**知事免許**とは、宅地建物取引業の免許について、都道府県知事から付与される免許を指します。ひとつの都道府県内のみに事務所を設置して宅建業を営む場合に、あらかじめ取得しておかなければならない免許です。したがってひとつの都道府県内に事務所を設置して宅建業を営もうとする人は、知事免許を申請することになります。

　これに対して、**大臣免許**とは、複数の都道府県にわたって宅建業の事務所を設置するときに、あらかじめ国土交通省大臣から受けておかなければならない免許を指します。取り扱うことができる業務内容等については、知事免許と異なるところはありませんが、大臣免許は審査する行政庁が都道府県ではありませんので、審査期間がやや長期に及ぶという差がありますので、その点には注意して、早めに申請しておく必要があります。また、開業当初から複数の都道府県にまたがって宅建業を営もうとしている人が大臣免許を申請しなければならないことはもちろんのことながら、当初はひとつの都道府県内で知事免許を受けて営業していた宅建業者が、新たに他の都道府県に支店等を設置する場合にも、大臣免許を取得する必要があります。

■ **宅地建物取引業免許**

免許の種類	知事免許	大臣免許
事務所の設置場所	1の都道府県に事務所を設置する場合	2以上の都道府県に事務所を設置する場合
免許権者	都道府県知事	国土交通大臣
有効期間	5年間	5年間

なお、知事免許も大臣免許も有効期間は５年間です。その後、更新することも可能で、更新期間も５年と定められています。継続して宅建業を営む場合には、有効期間が満了する90日から30日前までに、免許の更新手続きを行う必要があります。免許の有効期間を一日でも徒過してしまうと、その免許は失効し、無免許状態となります。そのため、新たに宅建業を行おうとするのであれば、改めて知事・大臣の免許を受け直さなければなりません。

● 免許の読み方

　宅建業の免許は、更新を重ねるごとに免許番号が大きくなります。基本的には免許の更新回数が多いほど優良な宅建業者といえるので、ひとつの指標として免許番号の大きさにより、消費者に対して事業者の信頼性をアピールすることができます。もっとも、更新回数は絶対的な指標ではありませんので、免許の取消を受けなくても実際には業務が適正に行われていない場合もあるでしょうし、業者によっては取消しに至らない程度の違反の常習者である可能性もあります。

　そのため、消費者からの信頼を勝ち得るためには、事務所に掲げる宅建業者票に記載している宅地建物取引士に、実際に事務所で業務を行わせることが重要です。単に資格保有者から名義を借りて営業している場合には、消費者から疑いのまなざしを向けられることは避けられないでしょう。

　なお、宅建業者名簿に記載のない業者に対する行政指導や、行政に寄せられた苦情・相談の有無は、各都道府県に置かれている不動産相談窓口がすべて把握しています。消費者とのトラブルは、ときに弁護士等を巻き込み、法的トラブルに発展することもありますので、注意が必要です。

● 不動産取引の安全を確保するための制度もある

　宅建業者が扱う不動産は高額ですので、細心の注意が要求されることはもちろんのことながら、それでも一般消費者に対して不測の損害を与えてしまうおそれがあることもまた否定できない事実です。そこで、万が一消費者に損害を与えた場合に備えて、消費者の保護を図るとともに、宅建業者の責任を保証するしくみが必要になります。そのようなしくみのひとつが、**営業保証金制度**と呼ばれるものです。営業保証金制度とは、宅建業者があらかじめ一定額の営業保証金を供託所に供託しておくことで、宅建業者と取引をした消費者が被った損害等について、営業保証金から支払いを受けることができるという制度です。

　また、営業保証金制度の他にも、弁済業務保証金制度というしくみも存在します。営業保証金の供託に代えて、一般消費者に損害を与えないように、あらかじめ保証協会に弁済業務保証金分担金を供託しておく制度ですが、このしくみを利用するためには、宅建業者はあらかじめ**保証協会**に加入しておかなければなりません。

　なお、保証協会には、全国宅地建物取引業保証協会と不動産保証協会の2種類がありますので、弁済業務保証金制度を利用しようとする宅建業者は、いずれかの保証協会に加入しなければなりません。

■ 営業保証金制度と弁済業務保証金制度

不動産 ⇒ 高額なので取引上の事故による消費者が被る被害も甚大
　　　　　∴消費者の安全を確保するしくみが必要

- 営業保証金制度
- 弁済業務保証金制度　※事前に保証協会への加入が必要

保証協会 ｛ ⓐ 全国宅地建物取引業保証協会
　　　　　 ⓑ 不動産保証協会

宅地建物取引業の免許を申請するには

不動産業を行うのに必要となる手続き

● どんな仕事が対象なのか

　不動産業の中でも、不動産の売買やその仲介（媒介）といった取引を扱う業のことを宅地建物取引業といいます。具体的には「自らが宅地や建物の売買・交換を行う業」と「他者の宅地や建物の売買・交換・賃貸を仲介（媒介）または代理する業」のことを指します。宅地建物取引業は免許制であり、免許を受けて宅地建物取引業を営む者を宅地建物取引業者と呼びます。

　宅地建物取引業の開業については、他の業種には見られない特殊性もあり、開業にあたっては、以下の要件を満たさなければなりません。

① **免許の取得（宅建業法3条）**

　1つの都道府県内にのみ本店、支店、営業所を設置して営業する場合には都道府県知事免許、複数の都道府県に支店、営業所を設置して営業する場合には国土交通大臣免許が必要です（16ページ）。

② **事務所の設置（宅建業法施行令1条の2）**

　事務所とは、本店や支店の他、継続的に業務を行うことができる施設がある場所のことで、宅地建物取引業に関わる契約を締結する権限をもつ使用人を置いているところも含まれます。

　ただし、支店は現に宅地建物取引業を行っていなければ事務所と扱われません。一方、支店で宅地建物取引業を営んでいれば、本店で宅地建物取引業を営んでいるかどうかにかかわらず、本店も事務所と扱われます。

　事務所は、住居兼用や他の法人と共同使用することは、原則として認められません（所定の要件を満たせば認められる可能性があります）。

③ 専任の宅地建物取引士の設置（宅建業法31条の3）

　宅地建物取引士とは、宅地建物取引士資格試験に合格し、宅地建物取引士資格登録をし、宅地建物取引士証の交付を受けている者です。専任の宅地建物取引士とは、その事務所に常勤し、専ら宅地建物取引業に関する業務に従事する宅地建物取引士をいいます。

　専任の宅地建物取引士を設置する際には、次の2つが義務付けられている点に注意しなければなりません。
・各事務所に最低1名ずつ設置すること
・業務従事者5名につき1名以上の割合で設置すること

④ 欠格事由に該当しないこと（宅建業法5条）

　欠格事由は免許を受けることが不適切とされるケースのことです。たとえば、次のケースが主な欠格事由となり、いずれかに該当する個人または法人は、宅地建物取引業の免許を受けることができません。
・成年被後見人、被保佐人、復権を得ない破産者
・宅建業の免許を取り消された日から5年を経過しない者
・禁錮以上の刑の執行が終わった日から5年を経過しない者
・免許の申請前5年以内に宅地建物取引業に関し不正又は著しく不当な行為をした者
・暴力団員や暴力団員でなくなった日から5年を経過しない者
・宅建業に関し不正又は不誠実な行為をするおそれが明らかな者

　法人については、その役員（取締役など）が欠格事由に該当する場合も、原則として免許を受けることができない点に注意が必要です。

⑤ 営業保証金の供託（宅建業法施行令2条の4、7条）

　宅地建物取引業者は、取引上の債権者や消費者を保護するために、営業保証金を最寄りの供託所に供託（金銭または債券を供託所に預けること）しなければなりません。金額は主たる事務所（本店）が1000万円で、従たる事務所（支店・営業所など）ごとに500万円です。ただし、この金額は開業者にあまりに負担が大きいので、より少ない資

金で開業できるように考えられたのが宅地建物取引業保証協会（保証協会）という制度です。保証協会への納付金（正確には弁済業務保証金分担金といいます）は主たる事務所が60万円、従たる事務所は1店につき30万円ですが、営業保証金を納める場合と比較すると相当低額といえます。なお、保証協会への入会金や年会費が別途必要となります。

● 宅建業免許申請の全体像

　宅建業免許には、都道府県知事免許（知事免許）と国土交通大臣免許（大臣免許）の2つがあります。この2つは事務所の所在地の違いによるもので、規模や信頼性を示す指標などとは異なります。

　都道府県知事免許は、1つの都道府県の区域内で事務所を設置する場合、国土交通大臣免許は2つ以上の都道府県の区域内で事務所を設置する場合に申請しますが、申請窓口はいずれも各都道府県の担当窓口です（国土交通大臣免許の場合は都道府県経由で国土交通省に申請書が送付されます）。宅建業免許を取得する際の手続きの流れは、次のようになっています。

① 　申請書類の準備

　所定の申請書類は各都道府県庁の売店の他、各地の宅地建物取引業協会などでも販売されています。最近は、ホームページ上からダウンロードできるようにしている都道府県も多いようです。

　申請書に必要事項を記入し、添付資料をつけて提出します。添付資料には全役員及び専任の宅地建物取引士の身分証明書や登記されていないことの証明書、専任の宅地建物取引士設置証明書、代表者の住民票か法人登記事項証明書などがあります（各都道府県により異なる）。

　また、新規申請の手数料として、都道府県知事免許の場合は3万3000円、国土交通大臣免許の場合は9万円を納付する必要があります。

② 　審査

　申請書類が提出されると、各都道府県または国土交通省で審査が行

われます。ここで欠格事由に該当することが判明したり、設置している事務所が要件を満たしていなかった場合、免許を受けることはできません。審査には1か月程度かかるところが多いようです。

③ **供託又は保証協会への加入**

申請書類を提出し、審査を受けて問題がなければ、免許の通知が送られてきます。通知を受け取った後に、営業保証金を供託（金銭または債券を供託所に預けること）するか、保証協会に加入する（加入手続きに2か月程度かかります）という手続きを経て免許が交付されます。

営業保証金や納付金の額は前述のとおりです。供託金については、供託所に供託した旨を免許権者（都道府県知事または国土交通大臣）に届け出なければなりません。また、保証協会に加入する場合は、納付金及び協会入会金を納めないと加入ができません。

■ **宅地建物取引業者と宅地建物取引士の違い**

宅地建物取引業者	宅地建物取引士
「宅地・建物の売買、交換」あるいは「宅地・建物の売買、交換、賃貸の代理や媒介」を業として行う者のこと ※宅地建物取引業者は、免許制 ※免許を得ていても、重要事項の説明等の一定の業務については、宅地建物取引士でなければ行えない ※誰の手も借りずに一人で宅地建物取引業を営む場合には、宅地建物取引士の資格も取る必要がある	宅地建物取引士は宅地建物取引士資格試験に合格し、宅地建物取引士資格登録をした上で、宅地建物取引士証の交付を受けた者で、宅地建物取引に関するエキスパート ※取引時に説明することが義務付けられている「重要事項の説明」などの一定の業務については、宅地建物取引士でなければ行うことができない ※各事務所に最低1人は配置しなければならないとされている

宅建業を独立開業して行うために必要なのは、宅地建物取引業者の免許
すべての宅建業務を行うために必要なのは、宅地建物取引士の資格

第1章　不動産業界の法律と仕事

これらの手続終了後、免許証が交付されてはじめて、宅地建物取引業の開業が許されるわけです。

● 文書だけでなく、写真も提出する

宅地建物取引業の免許申請の際には以下の多岐にわたる書式・写真・身分証明書などを提出します。宅地建物取引士資格登録の際使用する書類と混同しないようにしましょう。

- 免許申請書（第1面～第5面）
- 添付書類(1)宅地建物取引業経歴書
- 添付書類(2)誓約書
- 添付書類(3)専任の宅地建物取引士設置証明書
- 添付書類(4)相談役及び顧問等について記載する名簿（法人申請の場合にのみ提出）
- 添付書類(5)事務所を使用する権原に関する書面
- 添付書類(6)略歴書
- 添付書類(7)資産に関する調書（個人申請の場合にのみ提出）
- 添付書類(8)宅地建物取引業に従事する者の名簿
- 専任の宅地建物取引士の顔写真貼付用紙
- 身分証明書
- 登記されていないことの証明書
- 代表者の住民票（個人申請の場合にのみ提出）
- 法人登記事項証明書（全部事項証明書）（法人申請の場合にのみ提出）
- 貸借対照表及び損益計算書（法人申請の場合にのみ提出）
- 納税証明書（新設法人の新規免許申請の場合は不要）
- 最寄駅より事務所までの案内図
- 事務所の写真と平面図・間取図

■ 宅建業を開業するまでに必要な手続き

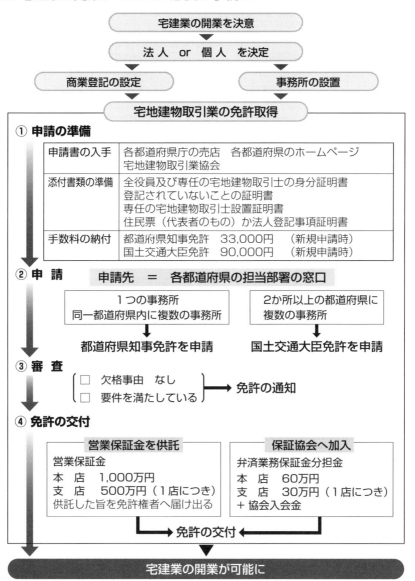

不動産業はどのように分類できるのか

不動産取引業・不動産賃貸業・不動産管理業に分類できる

● 不動産業はいくつかに分類できる

　不動産とは、簡単に言うと「不動の＝動かない」「物」であり、具体的には土地及び土地の定着物（建物・立木・石垣など）のことを指します。これら不動産を事業として取り扱っているのが不動産業ということができます。

　総務省が策定している「日本標準産業分類」によると、不動産業とは「主として不動産の売買、交換、賃貸、管理又は不動産の売買、貸借、交換の代理若しくは仲介」を行うものと定義され、①不動産取引業、②不動産賃貸業（貸家業・貸間業・駐車場業を含む）、③不動産管理業の3つに分類するのが一般的です。どの業態にあたるかで、免許の要否や適用される法令などに違いが生じます。

● 不動産業は小規模の事業所が多い

　不動産業の特徴として、従業員の人数が少ない小規模の事業所（店舗）が多いことが挙げられます。不動産流通推進センターが公表している「不動産業統計集」（2016年）によると、平成26年7月1日現在、全産業の事業所（約569万所）で見ると、従業員1～4人の事業所は約57％、従業員10人以上の事業所は約23％です。しかし、不動産業の事業所（約35万所）の約86％は従業員数1～4人です。従業員数が10人以上の事業所は約4％しかありません。また、不動産業の事業所を業態別で見ると、不動産賃貸業（貸家業・貸間業を含む）が45％程度を占めています。

　同じく「不動産業統計集」によると、平成26年の不動産業の従業員

数は約118万人で、多くの産業が昭和期よりも従業員数を減らしている中で（たとえば、製造業の従業員数は、昭和61年と比較すると平成26年は約31％減少しています）、昭和61年と比較すると約66％増えています。

一方、不動産業の倒産件数は、平成21年（リーマン・ショックの翌年）をピークに減少傾向にあるといえます。㈱東京商工リサーチが公表している「全国企業倒産状況」によると、平成28年の不動産業の倒産件数は288件でした。ただし、不動産業の倒産については、負債総額が全産業の平均（約2億3,800万円）よりも多いという特徴があります。平成28年の倒産した不動産業の平均負債総額は約6億8,600万円でした。

● 不動産取引業について

不動産取引業とは、不動産の売買・交換を業態とするもの、又は不動産の売買・交換・賃貸の代理・仲介（媒介）を業態とするものを指します。前者は建物売買業又は土地売買業と言われており、後者は不動産代理業・仲介業と言われています（総務省「日本標準産業分類」による）。

たとえば、自ら売主となって住宅を販売する（建物売買業）、住宅の売主と買主との間に入って売買の成立を手助けする（不動産仲介業）、住宅を建設した建設会社など売主の代理人として住宅を販売する（不動産代理業）などが不動産取引業にあたります。

そして、不動産取引業は、宅地建物取引業法（宅建業法）が定める「宅地建物取引業」に該当するため、不動産取引業を営むためは、原則として宅地建物取引業（宅建業）の免許を取得しなければなりません（16ページ）。

そのため、不動産取引業を営むときには、さまざまな場面で宅建業法及び関係する諸法令の規制を受けます。

● 不動産賃貸業について

　不動産賃貸業とは、①営業所（事務所・店舗など）を賃貸するもの（貸事務所業）、②土地を賃貸するもの（土地賃貸業）、③住宅を賃貸するもの（貸家業）、④独立して家庭生活を営むことができない室を賃貸するもの（貸間業）、⑤自動車の駐車のための場所を賃貸するもの（駐車場業）などを指します（総務省「日本標準産業分類」による）。

　不動産取引業との区別について、他人が所有する不動産の賃貸を代理・仲介（媒介）することは、前述した「不動産取引業」にあたります。そのため、不動産賃貸業にあてはまるのは、自分が所有する不動産を自ら他人に賃貸する場合となります。

　たとえば、多くの土地を所有する地主が、土地を資材置場として貸与する（土地賃貸業）、土地を駐車場として貸与する（駐車場業）、土地上に自らアパートを建築して貸与する（貸家業）などが不動産賃貸業にあたります。

　また、大家がアパートを一括して不動産会社に賃貸し、その不動産会社が大家に成り代わって他人に賃貸（又貸し）する「サブリース」も、不動産賃貸業にあたるものとして扱われています。

　そして、不動産賃貸業は、宅建業法上の「宅地建物取引業」に該当せず、その他に免許を要求する法律もありませんので、不動産管理業を営むために免許を取得する必要はありません。このことから、地主（大家）は、資産活用や節税対策のため、土地や住宅などの賃貸を比較的容易に行うことができます。なお、免許不要といっても、借地借家法や民法などに従うことは必要です。

● 不動産管理業について

　不動産管理業とは、ビル・マンションなどの所有者（管理組合などを含む）の委託を受けて、経営業務又は保全業務といった不動産の管

理を行うものを指します（総務省「日本標準産業分類」による）。具体的には、①建物内の清掃・点検・補修・警備、②電気・空調・消防・給排水の設備管理、③建物賃貸借の契約業務代行、④賃料回収代行などの多種多様な業務が不動産管理業にあてはまります。

　不動産管理業については、分譲マンションの管理業を営む場合には、マンションの管理の適正化の推進に関する法律（マンション管理適正化法）に基づき、国土交通大臣にマンション管理業者として登録することが義務付けられています。一方、賃貸住宅管理業にも国土交通大臣への登録制度がありますが、こちらは登録するかどうかは任意です。

　ただし、不動産管理業を営む場合には、その業務に応じて役所の許認可を得なければならない場合があります。たとえば、建物内の警備業務（盗難などの事故の発生を警戒・防止する業務）を行うときは、警備業法に基づく公安委員会の認定を受ける必要があります。また、建物内の補修は建設業にあたるので、軽微な工事（工事金額500万円未満）のみをする場合を除き、建設業法に基づく建設業の許可が必要です。さらに、電気工事は原則として電気工事士（第1種・第2種）の資格を有する者のみが行うことができます。

■ 不動産業の種類

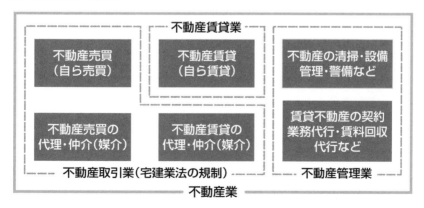

第1章　不動産業界の法律と仕事　29

6 不動産開発について知っておこう

不動産開発とは4つのプロセスから成る事業である

● 不動産開発の種類

　不動産開発とは、土地を取得するための「仕入れ」から、取得した土地の潜在的な価値や特性に応じて何を建設するかを決める「企画立案」、企画した通りに取得した土地を宅地に整形したり、建物を建築する「加工（建設）」、そして建設したものを売却して投資を回収する「販売」という大きく4つのプロセスから成る事業のことです。

　都市計画法では、建築物の建築などの目的で行う「土地の区画形質の変更」を開発行為と規定しています。「土地の区画形質の変更」には、宅地造成だけでなく、農地から宅地への変更や、道路や水路の新設に伴う土地区画の変更なども含まれます。しかし、不動産開発には、土地の区画形質の変更に加えて、広く「仕入れ」「企画立案」「加工」「販売」までの一連の流れが含まれるといえるでしょう。なお、都市計画法に定められた開発行為を狭義の意味での開発と呼びます。

　不動産開発の種類は、「分譲事業」と「賃貸事業」に大別されます。分譲事業とは、農地や山林、または工場跡地などの大規模な敷地を仕入れて住宅用の土地に造成し、それを個人が買いやすい大きさに分割して販売することをいいます。土地だけを分割して販売する場合を「宅地分譲」といい、仕入れた土地上にあらかじめ建物を建てて販売することを「建売分譲」といいます。

　他方、賃貸事業としては、取得した土地上に店舗やオフィスビルを建設し、それをテナントビルとして貸し出すことをいいます。

　この他、不動産開発には、賃貸マンションや賃貸ビル、商業施設などを開発し、投資家向けに販売する「投資用不動産の開発」や、「ホ

テルやリゾート施設の開発」なども含まれます。

● 開発の際に関係する法律

　都市計画法に定められた狭義の意味での開発を行う場合には、開発対象となる土地が存在する区域が都市計画区域に指定されているか否かをまず確認する必要があります。都市計画区域あるいは準都市計画区域に指定されていれば、開発に際して都道府県知事の許可が必要となり、建築基準法に基づく建築確認を受ける必要があるからです。

　また、当該土地が農地であれば、農地法に定められた都道府県知事の許可あるいは農業委員会への届出をする必要があります。

　さらに、宅地造成工事規制区域に指定されている区域内で、盛土（元の地盤の表面に土砂を盛って整地すること）や切土（土を削って整地すること）を行う場合には、宅地造成等規制法に基づき都道府県知事の許可が必要とされています。

　このように狭義の意味での開発を行うに際しては、都市計画法や建築基準法だけでなく、農地法や宅地造成等規制法などの法律に定められた要件を一つひとつクリアしていく必要があるのです。具体的にどのような規制が設けられているのかを見ていくことにしましょう。

① 　都市計画法による開発許可と建築基準法による建築確認

　都市計画法に定められた都市計画区域には、①市街化区域、②市街化調整区域、そして③市街化区域でも市街化調整区域でもない都市計画区域である非線引き区域という3つの区域が存在します。また、都市計画区域には指定されていないものの、都市の萌芽がみられる区域を準都市計画区域とし、非線引き区域と同等の規制を設けています。

　まず市街化区域では、1000㎡以上（3大都市圏内の一定地域では500㎡以上、条例により300㎡以上に定めることも可）の土地については、原則として都道府県知事の許可がなければ開発を行うことはできません。次に、市街化を抑制し、農地を保全する市街化調整区域では、

すべての開発行為について知事の許可が必要とされるのが原則です。最後に非線引き区域と準都市計画区域では、原則として知事の許可を要するのが3000㎡以上の土地（条例により300㎡以上に定めることも可）と要件が緩和されています。

また、都市計画区域・準都市計画区域内では建築基準法の規制も受け、建物の建築に際しては事前に建築確認が必要です。

② 農地法による農地転用の規制

農地を宅地に変更する造成工事を行う場合、都道府県知事の許可あるいは農業委員会への届出が必要です。許可か届出かの違いは、農地の存在する区域が市街化区域の内か外かで決まります。まず、市街化区域内では、農業委員会への届出をするだけで、宅地への変更が容易にできます。これに対し、市街化区域外では、市街化を抑制する傾向があるため、届出だけでは宅地への変更はできず、知事の許可が必要になります。この許可を得ないで宅地へ変更した場合は、3年以下の懲役又は300万円以下の罰金となりますので、注意が必要です。

③ 宅地造成等規制法による盛土・切土の規制

宅地造成工事により、崖崩れなど災害のおそれがある区域は、「宅地造成工事規制区域」と指定され、以下のような盛土や切土を行う場合には、原則として都道府県知事の許可が必要とされています。

・切土であって、その切土部分に高さ2mを超える崖を生ずる工事
・盛土であって、その盛土部分に高さ1mを超える崖を生ずる工事
・切土と盛土を同時に行う場合で、盛土は1m以下でも切土と合わせると高さが2mを超える崖を生ずる工事
・上記①～③に該当しなくても、切土または盛土をする土地面積が500㎡を超える工事

● 開発の手順について

不動産開発の手順は、①土地の「仕入れ」に始まり、②仕入れた土

地をいかに加工して利益を上げるかを考える「企画立案」、③企画を実現するために土地の造成工事や建物の建築を行う「加工」というプロセスを経て、最終的に④開発した商品を売却する「販売」活動へと進んでいきます。この4つのプロセスのうち、都市計画法に定められた狭義の意味での「開発」に該当するのが「加工」の段階であり、さまざまな法律がからみ、定められた要件をクリアする必要があるため、最も慎重を要するプロセスとなります。

● 分譲販売にもいろいろある

土地を分割して売却する「分譲販売」（分譲事業）には、仕入れた土地を宅地用に造成した後、①何も建築せずに更地として売り出す宅地分譲（分譲宅地の販売）と、②建物を建てた上で売り出す建売分譲（建売販売）に加えて、③建物を建築することを条件として更地を売り出す「建築条件付き宅地」の販売という方法もあります。

なお、マンションなどの建売販売では、早期に投下資金を回収しようと、完成前に建物を売り出す「青田売り」が主流となっていますが、販売広告を出すことができるのは建築確認後であり、それより前に行うと違法行為となりますので注意が必要です。

■ 不動産開発の流れ

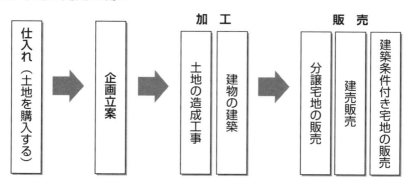

媒介契約について知っておこう

それぞれの違いをおさえる

● 3種類の媒介契約がある

　宅地や家屋などを売却したい人と、購入を希望している人との間に入って、取引を成立させるのが媒介です。一般的には仲介という用語が用いられるので、不動産の媒介（仲介）を行う業者は不動産仲介業者と呼ばれる場合もあります。

　不動産仲介業者は、売主や買主から仲介手数料を受け取るという形で利益を得ます。不動産の媒介契約は、宅建業法で「一般媒介契約」「専任媒介契約」「専属専任媒介契約」という3つの種類が定められています。

● 一般媒介契約

　一般媒介契約は、同時に複数の宅建業者に媒介を依頼することができる契約です。一般媒介契約には、他の業者に重ねて依頼をした場合に、先に依頼した業者にその旨を告げる義務があるタイプ（明示型）と、そのような義務がないタイプ（非明示型）があります。

　ただし両タイプとも依頼者が、自分自身で不動産取引の相手を見つけて契約を締結した場合や、他の宅建業者が見つけてくれた相手と契約を締結した場合は、その旨を先に依頼した業者に通知しなければなりません。もし通知を怠った場合、先に依頼を受けた業者は、依頼者に対して業務のために要した費用の賠償を請求することができます。

　なお、一般媒介契約の対象物件は、レインズとも呼ばれる指定流通機構（不動産情報を交換するために国土交通大臣が指定した公益法人）に登録する義務はありません（任意登録は可能）。

● 専任媒介契約

　専任媒介契約は、他の宅建業者に重ねて媒介を依頼することができない契約のことで、同一物件につき依頼者が他の宅建業者の媒介した相手と契約を締結した場合には、選任媒介契約を締結した宅建業者は、依頼者に対し報酬額と同額の違約金を請求できるとされています。ただし、依頼者が自分自身で不動産取引の相手を見つけて契約を締結することはできます。

　専任媒介契約を締結した宅建業者は、契約を締結した日の翌日から7日以内（休業日を除く）に不動産物件を指定流通機構（レインズ）に登録して、売買契約成立へ向けて尽力しなければなりません。さらに、依頼者に対して2週間に1回以上、文書又は電子メールによって業務処理状況を報告する義務も課されています。

　このように専任媒介契約は、拘束力が強い反面、最長でも3か月という有効期間の制限があります。3か月を経過しても売買契約が成立しないときは、合意によって専任媒介契約を更新することが可能です。ただし、更新後の有効期間も3か月が限度となっています。

■ 媒介契約の種類

種　類	内　容
一般媒介契約	・同時に複数の宅建業者に媒介を依頼できる
専任媒介契約	・他の宅建業者に重ねて媒介を依頼できない ・同一物件につき他の宅建業者が媒介した相手と契約することを禁止
専属専任媒介契約	・他の宅建業者に重ねて媒介を依頼できない ・同一物件につき他の宅建業者が媒介した相手と契約することを禁止 ・依頼者自身が見つけた相手と契約することも禁止

● 専属専任媒介契約

専属専任媒介契約とは、依頼を受けた宅建業者が媒介した相手以外の者とは、売買契約を締結することができない専任媒介契約のことをいいます。依頼者が自分自身で不動産取引の相手を見つけて契約を締結することもできません。

専属専任媒介契約を結んだときは、同一物件につき依頼者が他の宅建業者の媒介した相手と契約を締結した場合はもちろん、依頼者自身で不動産取引の相手を見つけ契約を締結した場合も、専属専任媒介契約を締結した宅建業者は、依頼者に対して、報酬額と同じ金額の違約金を請求することが可能です。

専属専任媒介契約は専任媒介契約よりも宅建業者の負う履行義務が強く、宅建業者は、契約を締結した日の翌日から5日以内（休業日を除く）に不動産物件を指定流通機構（レインズ）に登録しなければなりません。さらに、業務処理状況の報告義務も1週間に1回以上となっています。なお、専属専任媒介契約の有効期間は、専任媒介契約の場合と同様3か月です（合意による更新も可能）。

● それぞれの特徴

一般媒介契約の場合、依頼者は他の宅建業者に重ねて依頼することができるという特徴を持つため、消費者は業者の力の入れ具合が弱いと感じることが少なくないようです。他方、専任媒介契約は依頼者が他の業者に依頼できないしくみですので、依頼者は、業者が自分のために尽力してもらえることを期待しています。専属専任媒介契約であればなおさら、不動産業者が誠心誠意尽力してもらえることを当然の前提と考えています。契約の形態に応じて、消費者からの信頼を得られるように、業務を遂行する工夫が必要です。

8 仲介手数料について知っておこう

売買と賃貸で報酬の上限の計算方法が異なる

● 仲介手数料はどのように定められているのか

　たとえば、宅建業者の媒介によって依頼者の希望する条件に沿った不動産売買が完了すれば、宅建業者は媒介契約の義務を履行したことになります。この場合、宅建業者には依頼者に対する報酬請求権が発生します。ただ、不動産の売主又は買主と媒介契約を締結していないのであれば、たとえ宅建業者が買主又は売主に関する情報を提供したとしても、報酬請求権は発生しません。

　宅建業者の報酬（仲介手数料）は、その上限が国土交通省の告示で定められています。依頼者が了承しているとしても、業者は上限を超える報酬を受領することが禁止されています。報酬の上限は、売買の媒介・代理の場合と、賃貸の媒介・代理の場合とで、その計算方法が異なっています。

● 売買の媒介・代理における報酬の上限

　不動産売買の報酬の上限について、媒介の場合は下記のように定められています（下記の方法で算出した額に消費税相当額を上乗せしたものが実際に受領できる報酬の上限、以下同じ）。

① 200万円以下の部分は代金の5％が上限
② 200万円を超え400万円以下の部分は代金の4％が上限
③ 400万円を超える部分は代金の3％が上限

　上記の定めより、物件が200万円を超え400万円以下のときは「物件価格（消費税抜）×4％＋2万円」、物件が400万円を超えるときは「物件価格（消費税抜）×3％＋6万円」という簡易計算式によって

報酬の上限を算出することができます。

　これに対し、代理の場合は、前述の方法で算出した額の２倍が報酬の上限です。ただし、売主を代理、買主を媒介のように双方から報酬を受領できる場合、双方から受領できる報酬の合計額の上限も、上記の方法で算出した額の２倍です。

　たとえば、A所有の代金1,000万円の土地（土地の売買代金は非課税）をBに売却する際、宅建業者がAを代理し、Bを媒介した場合の報酬の上限は、Aからは72万円、Bからは36万円、AB双方からは72万円です。そのため、Aから72万円を受領すると、Bから報酬を受領できなくなります。

● 賃貸の媒介・代理における報酬の上限

　不動産賃貸の報酬の上限につき、媒介の場合は、原則として１か月分の賃料相当額が報酬の上限です（実際は消費税相当額を上乗せしたものが報酬の上限、以下同じ）。ただし、アパートなどの居住用建物の賃貸の媒介は、１か月分の賃料相当額の0.5倍が報酬の上限です（依頼者の承諾がある場合は１か月分を上限とする）。

　これに対し、代理の場合は、原則として１か月分の賃料相当額が報酬の上限で、居住用建物の例外はありません。

　なお、賃貸の媒介・代理ともに権利金の授受があるときは、居住用建物の賃貸を除き、権利金につき「売買の媒介・代理」の計算方法で算出した額を報酬の上限として選択もできます。

● 消費税相当額の上乗せ（課税事業者・免税事業者）

　消費税の課税事業者は、前述の方法で算出した額に、消費税相当額として「８％」を上乗せした額が報酬の上限です。一方、免税事業者は「3.2％」を上乗せした額が報酬の上限です。

不動産取引の基本について知っておこう

特定すべき事項と取引のパターンを理解しておく

● 不動産取引を成立させる時にすべきことは何か

　不動産取引を行うときは、主に4つの事項を特定する必要があると考えることができます。具体的には、①取引の形態、②取引の当事者、③取引の対象となる不動産、④取引の条件です。これらを取引成立時に特定しないと、後になってトラブルが生じ得るからです。

① 取引の形態

　取引の形態とは、売買、賃貸借（賃貸）、交換（物々交換）、贈与などの不動産取引の類型のことです。ただし、不動産業者が取り扱う不動産取引のほとんどが売買又は賃貸ですから、不動産を売るのか（売買）、それとも貸すのか（賃貸借）を明確にすることが必要です。

② 取引の当事者

　たとえば、売買のときの取引の当事者は「売主・買主」、賃貸借のときの取引の当事者は「賃貸人・賃借人（貸主・借主）」です。

　不動産取引をする際には、取引の当事者と名乗る者が本当に本人であるか、つまり他人であると偽っていないか、本人確認を行うことが必要です。特に取引の当事者が法人（会社など）のときは、登記事項証明書などで実在する法人であることを確認するとともに、その法人の担当者に取引を行う権限が与えられているかも確認します。さらに、本人が取引をする意思を本当に持っているのかを確認することも必要です。特に代理人が取引を行うときは、本人の署名押印のある委任状に頼らず、本人と連絡を取って取引意思を確認します。

③ 取引の対象となる不動産

　取引の対象となる不動産は、登記事項証明書（登記簿謄本）に書か

れている地番や家屋番号で、ある程度は特定ができます。しかし、不動産の現況が登記記録と異なる場合もあるため、現地に行って確かめることも必要でしょう。

④ 取引の条件

取引の条件には、代金（売買代金・賃料）、代金支払時期、不動産の引渡し時期、契約期間（賃貸借の場合）などがあります。後になって契約の解釈の相違が生じてトラブルになるのを防止するため、明確な内容にしておきます。

● 不動産取引には大きく3つのパターンがある

不動産業者が不動産取引に関わる場合のパターンは、①自ら契約当事者となる場合、②契約当事者の一方の代理人となる場合、③当事者間の契約の成立を助ける場合と大きく3つのパターンがあります。なお、②又は③に関与した不動産業者は、法令で上限が定められた報酬（仲介手数料）を受領することができます（37ページ）。

① 自ら当事者となる（直接取引）

不動産業者が、自ら不動産の売主又は買主（売買）、賃貸人又は賃借人（賃貸借）などの契約当事者となり、他方当事者と契約を締結する場合です。たとえば、不動産業者が売主となり、自ら資金を投じて建てた建売住宅やマンションを販売することです。

② 当事者の一方の代理人となる（代理）

不動産業者が、一方当事者の代理人として、他方当事者と契約を締結する場合です。たとえば、不動産業者が売主（所有者）の代理人となり、買主と売買契約を締結することです。なお、当事者の同意がある場合などを除いて、当事者の双方の代理人となること（双方代理）が民法の定めで禁止されています。

③ 当事者間の契約成立を助ける（媒介・仲介）

不動産業者が、契約当事者の間に立って、契約の成立に向けて助力

する場合で、「媒介（又は仲介）」といいます。たとえば、不動産業者が売買契約の成立に向けて、売主と買主との間に立つことです。なお、②の場合とは異なり、双方の当事者から媒介の依頼を受けること（両手媒介）は、法令上禁止されていません。

● 代金以外にも収益・租税公課・負担金を考慮する

不動産取引に際しては、その不動産から生ずる収益・税金・負担金が当事者のどちらに帰属するかを決めておくことも必要です。

①収益は賃料・農作物など不動産から生ずるプラスの財産、②租税公課は固定資産税・都市計画税など不動産から生ずる税金、③負担金は管理費・積立金など定期的に支払う②以外の金銭を指します。そして、収益・租税公課・負担金の帰属は、たとえば、売買契約の場合には、「不動産の所有権が売主から買主へと移る日」（所有権移転日）を分岐点として、所有権移転日の前日までは売主に帰属し、所有権移転日以降は買主に帰属する、との清算方法によるのが一般的です。

■ 不動産取引の３つのパターン

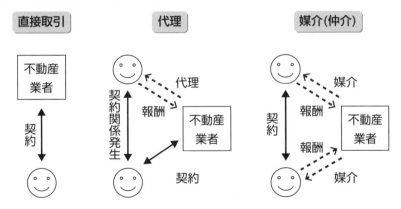

不動産広告についての規制を知っておこう

不動産広告はさまざまな規制をクリアしなければならない

◉ 不動産広告を出す意味

　不動産の売却・賃貸を行う場合、不動産会社は、かなりの広域にわたって広告を展開し、買い手・借り手を募ります。新聞の折込広告、電車の中吊り広告、テレビ広告、インターネット広告において、分譲マンション、建売住宅、中古住宅などの売却・賃貸の情報を毎日のように目にする機会があると思います。

　特に不動産の売買は、一般市民にとっては一生に数回あるかないかですから、不動産の買い手になり得るような人は、不動産の周辺地域に在住しているとは限らず、どこに買い手がいるか特定するのは難しいことが多いようです。そのため、広域に発信できる広告媒体を用いて、買い手を見つける方法がとられます。

◉ 広告規制は消費者保護が目的

　不動産取引は、売買価格が高いことや、不動産の情報を宅建業者（売り手・貸し手）が握っていることなどから、消費者（買い手・借り手）が虚偽広告や誇大広告などで多大な損害を受けることがあります。そのため、消費者保護の観点より、業者に対して不動産の広告につきさまざまな規制（広告規制）を課しています。

　主な広告規制として、宅建業法（宅地建物取引業法）や景品表示法（不当景品類及び不当表示防止法）といった法律による規制や、表示規約（不動産の表示に関する公正競争規約）による規制があります。業者はさまざまな広告規制をクリアしたものを出稿しなければなりません。

● 宅建業法による規制

　宅建業法では、①誇大広告の禁止（実際よりも優良又は有利であると誤認させる表示などの禁止）、②未完成物件の広告開始時期の制限（たとえば、建築確認又は開発許可を取得した後でないと広告ができないなど）、③取引態様の明示（媒介・代理の別などの明示）、といった業者に対する規制が定められています。

　特に①③の規制に違反した宅建業者は、業務停止又は免許取消しの処分を受け、又は罰則が科せられることがあります。

● 景品表示法による規制

　景品表示法では、景品類の提供の制限又は禁止、不当表示の禁止（誇大広告の禁止など）といった業者に対する規制が定められています。景品表示法の違反行為に対しては措置命令（違反行為の差止めなどの命令）がなされ、これに従わないときは罰則が科されることがあります。

● 表示規約による規制

　表示規約とは、景品表示法に基づき、公正取引委員会の認定を受けて、不動産公正取引協議会（協議会）が策定した不動産広告に関する不動産業界の自主規制です。表示規約に違反する業者の行為は、景品表示法が定める規制に違反すると判断される場合があるため、自主規制であっても遵守する必要があります。

　主な規制として、①広告開始時期の制限、②特定事項の明示義務（消費者に著しく不利益な事項を明示する義務）、③表示基準（取引態様、交通の利便性、施設までの所要時間、住宅ローンの条件、建物の間取り・築年数などの表示方法の規制）、④特定用語の使用基準（完全・日本一・厳選・格安などの他社と比較する用語の原則使用禁止）といった業者に対する規制があります。

不動産取引に関する資格について知っておこう

不動産取引には複数の資格者が関与する

● 一定数以上の専任の宅地建物取引士は必ず必要

　宅地建物取引士は、宅地建物取引業法に基づき定められている国家資格者です。知識・経験を持つ者として、宅地建物取引業者が行う宅地又は建物の売買・交換・賃貸借等の取引に対して、消費者等の利益の保護や円滑な取引をサポートする不動産取引法務の専門家です。不動産取引において、宅地建物取引士が具体的に担う役割は、重要事項の説明等が挙げられます。宅地建物取引士になるためには、宅建試験（宅地建物取引士資格試験）に合格した後に、都道府県知事の登録を受ける必要があります。登録の際は、2年以上の実務経験または、登録実務講習の受講・修了が必要です。そして、知事が一定事項を「宅地建物取引士資格登録簿」に登載することによって、宅地建物取引士登録が行われます。宅地建物取引士登録の効力は全国に及び、登録の消除がなされない限り、有効期間の期限はありません。さらに、登録の後に宅地建物取引士証の交付を受けて、初めて宅地建物取引士の業務に従事することができます。交付を受けるには法定講習の受講が必要です（宅建試験合格後1年以内は不要）。

　宅地建物取引業者は、事務所ごとに従事者5名に対して1名以上の割合で、成年者である専任の宅地建物取引士を置かなければなりません。特に専任であるとは、宅地建物取引業を営む事務所に常勤しており、専ら宅地建物取引業に従事する状態をいうと考えられています。もっとも、宅地建物取引士が勤務する事務所が、宅地建物取引業以外の業種を兼業している場合などで、宅地建物取引士が一時的に宅地建物取引業の業務以外の業務に従事することは許されます。

● 仲介などの取引上必要な資格について

　不動産取引においては、宅地建物取引士以外にも他の資格者が関与する場合があります。まず、家屋等の建物を建てたときに、その現状を法務局に登記する際は土地家屋調査士の関与が不可欠です。部屋等の広さや階数、屋根・建物の構造を登記します。この登記は「表題登記」と呼ばれ、土地家屋調査士の独占業務とされています。

　次に、実際に不動産取引が行われた場合に、権利の変動を正確に不動産登記に反映させる必要があります。不動産登記簿の表題部の後に甲区欄や乙区欄がありますが、それらの場所に所有者の住所・氏名、または不動産の上に担保物権（抵当権など）を持つ者が登記されます。その結果、登記された権利は公示され、誰に対しても不動産の所有権や担保物権などを主張できるようになります。不動産登記の甲区欄や乙区欄に関する登記は「権利に関する登記」と呼ばれ、この登記業務は司法書士が担うことになります。

　また、不動産の価格をめぐる紛争も少なからず生じ得ます。そこで、対象の不動産の周辺環境などの条件を考慮して、不動産の適正な価格を導き出す、不動産鑑定士が、不動産取引に関与する必要があります。

● その他こんな資格もある

　宅地建物取引士等の他にも、不動産に関連してさまざまな資格者が存在します。たとえば、不動産の有効活用や投資などについてコンサルティングを行う公認不動産コンサルティングマスターという資格を挙げることができます。また、不動産などの資産の活用に関するライフプラン（生涯生活設計）のコンサルティング業務を行うファイナンシャルプランナー（FP）が関与することもあります。

不動産業界団体、流通機構について知っておこう

レインズを通じて不動産情報が幅広く共有されている

● 業界団体にはどんなものがあるのか

　業界団体とは、一般には事業者または事業者団体によって設立された団体を指し、その事業における技術や産業の発展の他、一般消費者の安全や取引の公正の保持を目的に構成されています。宅地建物取引業者の多くは、業界団体に加入していることが多く、不動産流通業界では、主に4つの業界団体が設立されています。

① **全国宅地建物取引業協会連合会（全宅連）**

　都道府県に設立されている47の宅地建物取引業協会（宅建協会）の全国組織であり、消費者の保護に主眼を置き、不動産取引の情報提供や啓発、不動産に関わる政策提言や調査研究などを通じて、公益的な事業展開をめざす業界団体です。

② **全日本不動産協会（全日）**

　業界団体としてはもっとも古くから存在する団体で、全国的に47の都道府県すべてに本部を設置しています。国民生活の基盤である宅地建物取引業において、消費者の安全・信頼の確保と宅地建物の有効利用の促進の両立をめざした活動を展開しています。

③ **不動産流通経営協会（FRK）**

　不動産流通経営協会は、全国宅地建物取引業協会連合会や全日本不動産協会が中小の不動産会社を中心に構成されているのに対して、不動産流通を担う大手の不動産会社を中心に構成されているという特徴があります。他の業界団体以上に、提携ポータルサイトを通じた物件情報の掲載に力を注いでいて、消費者の保護等とともに、不動産業者の経営体質の強化や不動産流通市場の拡大を目的に活動しています。

④ 全国住宅産業協会（全住協）

　不動産業界における業界団体としては新しく、首都圏や北海道から沖縄までの各地域における不動産流通事業等に力を入れています。

　なお、以上の４団体それぞれが持っている会員情報をはじめとする大量な物件情報すべてを集約したサイトとして、「不動産ジャパン」という不動産総合サイトが存在します。

● レインズの情報は大切

　不動産取引においては、宅地建物取引業者は、一般消費者に対して適切な不動産情報を提供するとともに、豊富な物件情報をいかに効率的に処理できるか否かが重要です。かつては、自社が取引の仲介の依頼を受けた物件については、自ら買主を見つけ出し、売主・買主双方からの報酬を得た方がよいと考え、不動産情報の一般公開には消極的な姿勢が多く見られました。しかし、不動産業界全体の事業促進・発展をめざす必要性があるという共通認識から、現在では多くの不動産情報をはじめとする必要な情報の収集・管理について、それぞれが持っている情報を共有していく姿勢が少しずつ浸透しています。

　レインズとは「Real Estate Information Network System」（不動産流通標準情報システム）の略称で、国土交通大臣指定の不動産流通機構（指定流通機構）が運営しており、不動産情報の交換が可能なオンラインシステムです。不動産業者のパソコン等とつながっており、物件の登録・検索等をすべてオンラインで処理できます。そのため、登録されている不動産情報については、会員である宅地建物取引業者すべてが共有することが可能です。もっとも、レインズを利用できるのは、不動産流通機構に会員登録をしている不動産会社に限定されています。そのため売買等の不動産取引を行う当事者すべてが、レインズの情報を利用できるわけではありません。

13 取引価格はどのように決まるのか

用途に応じた査定方法がある

● 不動産会社は価格をどのように査定するのか

　不動産を売り出そうというとき、高く売れるにこしたことはありませんが、あまりに高値を付けると売れ残ってしまうリスクもあります。そこで、不動産会社に査定を依頼し、「現時点で不動産を売り出すといくらで販売できるか」を計算してもらうのです。不動産会社が使用する査定方法には、①取引事例比較法、②原価法、③収益還元法、④開発法の４つがあります。それぞれ不動産の用途等に応じて使い分けられますが、理論上はどの方法を用いても同じ価格が導き出されます。

① 　取引事例比較法は、周辺の不動産販売の過去事例に基づき、駅からの距離や居住環境などの項目に応じた補正を行う方法です。主にマイホームや店舗・事務所などに適用され、同一需給圏内の地域で対象不動産と類似の不動産取引が行われている場合に有効です。

② 　原価法は、新たに土地を造成または建物を建設する場合に要する費用から、不動産の価格を算出する方法です。建物の経過年数に応じて減価修正を行います。主に建物や一戸建てに適用されます。

③ 　収益還元法は、家賃や駐車場収入などの不動産により得られる収入から費用を差し引いた金額を、一定の利回りで割り引き、現在価値を求める方法です。主に投資用の不動産に適用されます。

④ 　開発法は、販売総額から建物の建設費、土地の造成費、その他開発事業者が負担する費用を差し引くことで土地の価格を求めます。開発事業者の視点で投資の採算性を見極めるために用いられる方法です。主にマンションや分譲住宅に適用されます。

　不動産会社がはじき出した査定結果は、報告書として提示されます。

そこに不動産所有者の販売希望価格を加味した上で、実際に売り出す価格を決めていくことになります。

● 土地の価格はどのように決めるのか

同じ土地でも、想定される売却相手が最終消費者なのか、または産業消費者なのかによって、その価格は異なります。最終消費者とは、最終的に土地を使用する者のことを、産業消費者とは最終消費者に販売する目的で土地を仕入れる者のことをいいます。

最終消費者が購入する価格（最終消費者価格）は産業消費者が仕入れる価格（産業消費者価格）に経費や利益を上乗せしたものであるため、最終消費者価格の方が産業消費者価格よりも高くなります。

● 建物の価格はどのように決めるのか

建物の価格は、たとえば、再調達価格（対象不動産を価格時点で再調達するのを想定した際に必要とされる適正な原価の総額）を求めて、この再調達価格から経過年数に応じた減価部分を差し引くことで求めます（原価法）。そのため、同じ構造の建物であっても経過年数が小さいほど価格は高くなります。

たとえば、耐用年数と築年数がそれぞれ25年と10年、再調達価格が1,800万円の建物の場合、価格は1,800万円×［（25年－10年）÷25年］＝1,080万円と求められます。

また、分譲マンションの場合、階数も価格の形成に大きく影響します。分譲マンションには基準となる階（基準階）があり、一般的には基準階より高層階に行くほど価格が高く、また低層階に行くほど価格が低くなります。さらに、同じ階の部屋であっても、方位や眺望の良さ、角部屋であるかなどによっても価格が異なります。

土地の価格にもいろいろある

同じ土地でも目的に応じて価格が異なる

● 不動産の価格にはどんなものがあるのか

　土地は4つの価格を持っています。この4つの価格それぞれを目的に応じて使い分けているのです。土地の価格が必要となる場面として、まず土地の売買取引があります。このとき登場する価格が実勢価格です。実勢価格とはその土地が実際に売れる価格、つまりは時価です。実勢価格は不動産会社に査定を依頼することで得られます。

　また、土地に課税する際には、対象となる土地の価格をベースに税金が算定されます。相続税を算定するための土地の価格を相続税路線価、固定資産税を算定するための土地の価格は固定資産税評価額といいます。一般的に、相続税路線価は実勢価格よりも低く、固定資産税評価額はさらに低くなる傾向にあります。

　土地の価格には、公示価格もあります。公示価格とは、国土交通省が公表している価格であり、土地取引の指標となるものです。

● 実勢価格

　土地を売ろうとするとき、その土地の売出価格が売買取引の成否に大きく影響します。その土地の価値に見合わない高い価格を付けてしまえば、なかなか買い手がつかないかもしれないからです。実勢価格とは、買い手がつく可能性の高い価格のことを指します。不動産会社に査定してもらった実勢価格に、土地所有者の販売希望価格を加味することで土地の売出価格は決められます。

　そのため、不動産会社が掲示している中古不動産の価格は、必ずしも実勢価格そのものであるとは限りません。

不動産会社が実勢価格を査定する際は、その不動産の用途などに応じて、取引事例比較法、原価法、収益還元法、開発法の4つの方法を使い分けて評価します。たとえば、居住用の家を査定する際は、過去の販売事例に補正を加える取引事例比較法により価格を算定します。

● 公示地価

公示地価は、地価公示法に基づき、毎年1月1日を基準とした土地の価格を3月に公示しているものです。ここで公示される土地の価格は土地取引の指標となる他、土地の相続税評価及び固定資産税評価の基準や、公共事業用地の取得価格算定の規準となる役割も果たしています。このように、公示価格は各種の土地の価格の基礎となることから、公示価格が公示される時期になるとニュースでも大きく取り上げられることがあります。

公示価格は新聞の他、国土交通省のホームページでも確認することができます。国土交通省のホームページで確認する場合は、土地総合情報ライブラリーのサイト（http://tochi.mlit.go.jp/）にアクセスし、地価公示のページから土地の価格を閲覧できます。

■ 土地の価格の種類

	内　容	価格の水準
実勢価格	現時点で買い手がつく可能性の高い価格のことをいう。時価。	－
公示地価	土地取引の指標となっている。毎年1月1日を基準とした価格が公示される。	実勢価格の9割程度
相続税路線価	相続税や贈与税の算定に用いられる。毎年1月1日を基準とした価格が公表される。	実勢価格の8割程度
固定資産税評価額	固定資産税、不動産取得税、登録免許税等の算定に用いられる。評価替えは3年に1度行われる。	実勢価格の7割程度

第1章　不動産業界の法律と仕事

● 相続税路線価

　相続税路線価は、相続税や贈与税の税額を算定する際に基礎となる価格です。毎年1月1日を基準とした価格を国税庁が公表しています。相続税路線価は冊子を購入して確認できる他、国税庁のホームページでも閲覧することができます。

　ここで、国税庁のホームページ使った相続税路線価の調べ方を見てみましょう。まず、路線価のページ（http://www.rosenka.nta.go.jp/）にアクセスします。対象年度を選択した後、調べたい地域を広域から順々に選択していくと、最後に地図が表示されているページにたどり着きます。この地図上の道路に表示された数字を使って、土地の価格を算出することになります。道路に表示されている数字が、隣接している土地1㎡あたりの価格（千円単位）です。相続税路線価は実勢価格の8割程度ですので、相続税路線価を80％で割り戻す（相続税路線価÷0.8）とおよその実勢価格を知ることができます。

● 固定資産税評価額

　土地、家屋といった固定資産を所有している者に対し、市町村が課す税金が固定資産税です。固定資産税は、固定資産税評価額に一定の税率（東京都の場合は1.4％）を乗ずることで計算されます。ここで出てくる固定資産の価格が固定資産税評価額です。固定資産税評価額は、固定資産税の計算の基礎となる他、不動産取得税、登録免許税といった税金の計算にも用いられており、全国地価マップ（http://www.chikamap.jp/）にて調べられます。

　公示地価や相続税路線価とは異なり、固定資産税評価額の評価替えは3年に一度です。直近では平成27年度に評価が行われているため、平成28年度、平成29年度の固定資産税は平成27年度の評価額を用いて計算します。

　固定資産税評価額は実勢価格の7割程度の水準になる傾向にあります。

15 事故物件などの特殊な物件には説明義務がある

事故物件であるという事実は隠さず説明する必要がある

● 事故物件とは

　一般に事故物件と呼ばれる物件は、過去にその物件において殺人事件や自殺が発生して人が死亡したことがある物件や、過去に比較的大規模な事件や事故・火災等があった物件を指します。

　事故物件は、「いわくつきの物件」として、買い手や、その不動産が賃貸借契約の対象物件となっている場合には、借り手が見つかりにくいという現状があります。もっとも、買い手や借り手が見つかりにくい物件は、事故物件以外にもあります。たとえば、販売や賃貸を募集している物件の周辺に、清掃工場や葬儀場・火葬場など、一般に人が嫌がる施設がある場合等です。これらの施設は嫌悪施設と呼ばれ、その他に、小学校・中学校等の学校施設、工場や原子力発電所等、産業廃棄物処理施設・下水処理場など騒音・悪臭・大気汚染・土壌汚染などが懸念される施設が、嫌悪施設に含まれます。また、風俗営業店や、指定暴力団組織、宗教施設が周辺にある物件も、心理的に敬遠しがちな施設であることから、嫌悪施設に含まれると言われています。事故物件と嫌悪施設が周辺にある物件を合わせて、特殊物件と呼ぶこともあります。

● 売買の場合には価格にどんな影響があるのか

　取引の対象になる物件が、事故物件や嫌悪施設の周辺の物件である場合には、一般に買い手側にとっては購買意欲が高まらず、買い手が見つかりにくいという事情があります。そのため、不動産業者が価格設定を行う際にも、他の同程度の広さや立地に所在地を持つ物件と比

第1章　不動産業界の法律と仕事　53

べて、同様の価格設定をしてしまうと、契約成立に漕ぎつけることは困難だといえます。価格設定の前提として、不動産取引の対象物件が事故物件等であるという事実は、不動産業者側は一般消費者に対して明らかにしなければなりません。事故物件等の事実を隠ぺいして取引すると宅建業法違反になり、業務停止や免許取消しの他、罰則が科される場合もあります。そのため、取引に先立って、事故物件等であるという事実は公表されているわけですが、一般に、事故や事件等の内容や程度に応じて、不動産価額から1割から3割程度の減額が行われて売買契約が結ばれることが多いのが現状です。また、嫌悪施設が周辺にある場合も、他の同等の不動産価額よりも1割から3割程度、格安で取引が行われることになりますが、当該嫌悪施設からの距離や嫌悪施設由来の騒音・振動・悪臭の程度により相当価額の減額が行われるしくみになっています。

● 賃貸の場合にはどんな問題があるのか

　事故物件等について、借り手を見つける場合も、部屋のリフォームや大幅な改装を行い、次の人が入居しやすくする工夫が必要であることは、売買契約の場合と同様です。もっとも、賃貸借契約の場合に特有の問題として、たとえばその物件において自殺等があった場合に、それによる賃料収入減少に関して、不動産業者側から損害の賠償請求が可能であるのかという特有の問題があります。自殺によって損害が発生しても借り手は死亡しているため、直接の損害賠償義務を負う者はいません。しかし、借り手に相続人（配偶者や子どもなど）がいる場合は、相続人が借り手の権利義務をすべて承継しています。そこで、貸し手である不動産業者側としては、借り手の債務不履行を理由に、相続人に対し、物件の清掃費用などの支払いを求めることが考えられます。さらに、賃料収入が一定期間見込めないことにつき、損害賠償金の支払いを交渉する余地もあります。

第 2 章

建築規制・道路境界・登記のしくみ

都市計画法の概要を知っておこう

都市整備のため建物を建てられない地域もある

● 都市計画区域とは

　たとえば、所有する土地にアパートを建てようと考えている場合、その土地で実際にアパートを建てられるのかどうかを確認する必要があります。また、たとえアパートを建てられるとしても、その大きさや用途に制限がないかどうかを調べる必要があります。

　これらの事項は、地方自治体の都市計画課などに備え置かれている都市計画図で確認することができます。都市計画図では特に都市計画区域に注目します。都市計画区域とは、その地域をまとまりのある都市として開発し、整備をしていこうとしている地域のことです。たとえば、住宅地に巨大なショッピングセンターや工場などが建たないように規制をしているのです。

　都市計画区域は、原則として、①市街化区域、②市街化調整区域に分けられます。市街化区域とは、既に市街地を形成している区域および10年程度を目安にして、行政が積極的に市街化を図ろうとしている区域です。一方、市街化調整区域とは、当面は市街化を抑制すべき区域です。なお、都市計画区域のうち、まだ①にも②にも区分されていない区域は非線引区域といいます。非線引区域は、まだ色塗りをされていない区域ということで、白地地域とも呼ばれます。

● 市街化区域と市街化調整区域

　調査の結果、建物の建築予定地が①の市街化区域に該当する場合は、どの用途地域であるかを確認します（58ページ）。一方、②の市街化調整区域には、原則として建物を建てることはできません。長期的な

都市計画の観点から、市街化調整区域では通常の住宅・商店・事務所などの建築を禁止し、市街化を抑制しているからです。

● 市街化調整区域の例外

　市街化調整区域であっても建物を建てることができる場合があります。具体的には、約50戸以上の住宅が密集している地区が、市街化区域に隣接または近接していて、市街化区域と一体的な日常生活圏を構成していると認められるときに、開発許可を得て住宅を建てることができる場合があります。これを50戸連たん制度といいます。

　また、市街化調整区域は農業、林業、漁業といった用途で使用されることが多いようですが、これら第一次産業に従事する人々が生活上使用する建物の建築まで全面的に禁止されるわけではありません。

　その他、平成13年5月の都市計画法改正の施行前は「既存宅地」といって、市街化調整区域の指定前から宅地であった旨の確認証が発行された土地について既得権を認めて、許可を得なくても建物を建築することを認めていました。地方自治体によっては条例でこの制度を現在でも認めている場合があります。

　ただし、以上の例外事由に該当するか否かの判定にあたっては、専門的な知識が要求されます。また、開発申請の提出も必要になります。

■ 建物の建築に対する行政の規制

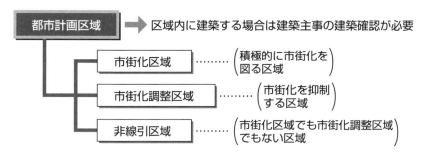

● 市街化区域は12種類の用途地域に分けられる

　都市計画法では、市街化区域に指定した土地を、さらに12種類の用途地域に分けています。用途地域は住居系・商業系・工業系に大きく分けられ、各々の用途地域で建築できる建物が異なります。また、用途地域内に特別用途地区が設定される場合もあります。

① 　住居系の用途地域

　住居系は、低層住居専用地域（第1種・第2種）、中高層住居専用地域（第1種・第2種）、住居地域（第1種・第2種）、準住居地域の7種類です。

・低層住居専用地域

　低層住居専用地域は、用途地域の中で最も良好な住環境をめざすものです。そのため、建ぺい率・容積率・建物の高さ・隣地との関係などについて、非常に厳格に規制されています。

　第1種低層住居専用地域では、住宅以外で建築できるのは原則として、住居を兼ねた小規模店舗（店舗等の広さが50㎡以内）や、小中学校、診療所、老人ホーム等に限定されます。一方、第2種低層住居専用地域では、第1種に比べて若干規制が緩和されています。たとえば、2階建て以下で床面積が150㎡以下の小規模店舗であれば、小売店や飲食店の建設も許容されています。なお、第1種・第2種ともに、高さ10mまたは12m（どちらにするかは都市計画で定めます）を超える建物は建築できないという絶対高さの制限が及びます（65ページ）。

・中高層住居専用地域

　中高層住居専用地域は、中高層住宅の良好な住環境を守るための地域です。低層住居専用地域のような絶対高さの制限がないので、容積率によっては4階以上のマンションなどが建設できます。第1種と第2種の違いは、住居以外の建築できる建物の種類やその広さの違いです。第1種では500㎡以内、第2種では1500㎡以内の店舗や飲食店を建築でき、また第2種では2階建以内であれば事務所ビルや、食品製

造業の工場（作業場の床面積が50㎡以内のものに限る）なども建てることができます。

・住居地域、準住居地域

　住居地域・準住居地域は、低層住居専用地域や中高層住居専用地域と同じく、住環境を保護するために設定されますが、商業用建物の建築もある程度認められています。平成27年の法改正でダンスホールの建築が第2種住居地域や準住居地域でも可能になりました。

　第1種住居地域は、商業施設の建設についての配慮から、低層住居専用地域よりも容積率が緩和されています。ただ、住環境の保護が重視され、事務所・店舗が許可されるのは3,000㎡までで、パチンコ店やカラオケボックスなどの遊戯施設の建設は禁止されています。

　第2種住居地域では、第1種よりも広い飲食店・ホテルなどが建てられ、また遊戯施設や自動車教習場などの建築も可能です。

　準住居地域は、第2種住居地域よりもさらに商業などへの配慮が強くなっています。幹線道路の沿道などが準住居地域に指定され、店舗・事務所の建築はかなり自由に認められています。

② 商業系の用途地域

　商業系は、商業地域と近隣商業地域の2種類です。

　商業地域は、主に商業などの地域的発展をめざす地域で、都心や主要駅を中心として広域に指定されます。商業地域では、ナイトクラブ・キャバレーや、映画館・劇場・演芸場といった娯楽施設も建築できます。商業地域では、たいていの建物は建築できますが、環境悪化のおそれがある工場などの建築はできません。

　一方、近隣商業地域は、近隣に住む住民の日常生活の需要に応える商業その他の業務の発展をめざす地域です。住民の日常的需要に応える地域なので、商業地域で許容されているキャバレーなどの娯楽施設の建築は許されません。

③ 工業系の用途地域

工業系は、準工業地域、工業地域、工業専用地域の3種類です。
　準工業地域は、主に軽工業の工場等の環境悪化のおそれが低い工業の発展を図ることを目的とした地域です。したがって、工場だけでなく、一般の住居・アパートなどの集合住宅、商業店舗が混在している場合が多い地域です。
　ただ、都市部周辺では、撤退した工場跡地に中高層マンションや超高層マンション（20階建て以上のマンション）が建設され、マンション地帯の様相を呈している地域が増えています。
　工業地域は、主に工業の発展を図るために指定される地域です。工業地域の性質上、小学校や大学、病院（20ベッド以上の医療施設）、ホテルといった施設の建築は許されませんが、診療所（20ベッド未満の医療施設）の建築は可能です。
　工業専用地域は、工業地域よりもさらに工業の発展という目的を徹底した地域です。大規模工業団地などがこれに該当します。工業専用地域では、どんな工場でも建てることができます。
　しかし、学校や病院といった一定の良好な環境を必要とする施設はもちろん、住宅、店舗、飲食店などの建築も許されていません。しかし、工業専用地域でも診療所の建築は可能です。

④　特別用途地区

　用途地域の指定とは別に、用途地域内に特別用途地区が指定されることがあります。特定目的のために用途地域の制限を部分的に緩和したり厳しくするために設定されるものです。
　たとえば、トラックターミナル、卸売市場、倉庫などを集中立地させるための特別業務地区、教育上ふさわしくない施設を制限するための文教地区があります。その他、建築物の高さ制限などによって街全体の美観を保護する景観地区や、都市の良好な自然的景観を維持するために建築物の建築・宅地造成・樹木の伐採を規制する風致地区があります。また、都市計画という観点では、再開発を計画した場合の高

度利用地区、建築物の最高限度または最低限度を定める高度地区、超高層ビルを建設するための特定街区があります。

　これらの制限は、各地域の実情や発展状況に応じて、都市計画または地方公共団体の条例で定められます。たとえば、兵庫県西宮市では、甲子園球場を中心として培われてきた町並みを守るため、特別用途地区として、「甲子園球場地区」が定められています。

■ 用途地域内の建築制限

	第1種低層住居専用地域	第2種低層住居専用地域	第1種中高層住居専用地域	第2種中高層住居専用地域	第1種住居地域	第2種住居地域	準住居地域	近隣商業地域	商業地域	準工業地域	工業地域	工業専用地域
住宅・下宿等												×
保育所・神社・診療所(20ベッド未満)等												
郵便局・老人福祉センター等	△	△										
病院(20ベッド以上)	×	×									×	×
小学校・中学校等											×	×
大学・専修学校等	×	×									×	×
図書館等												×
店舗・飲食店	×	△	△	△								×
事務所	×	×	×	△								
ホテル・旅館	×	×	×	×	△						×	×
自動車教習所・畜舎	×	×	×	×								
営業用倉庫	×	×	×	×	×							
水泳場・スケート場等の運動施設	×	×	×	×	△							×
麻雀・パチンコ店等	×	×	×	×	×	△	△					×
カラオケボックス・ダンスホール等	×	×	×	×	×	△	△				△	△
キャバレー等	×	×	×	×	×	×	×	×			×	×
劇場・映画館・演芸場・ナイトクラブ等	×	×	×	×	×	△					×	×
工場(食品製造業以外)	×	×	×	×	△	△	△	△				

無印は建築可能 / △は条件付きで建築可能 / ×は建築不可

建ぺい率・容積率について知っておこう

建築基準法がさまざまな規制をしている

● 建築基準法による規制

　都市計画法により、市街化区域内の土地は12の用途地域に分けられますが（58ページ）、各々の用途地域にどのような建物を建築できるのかについては、建築基準法が詳細に規定しています。

　たとえば、土地やマンションなどを販売して利益を得るため、不動産業者が自らの所有する土地の上にこれらを建築するのは自由なはずですが、現代社会では日常生活の多くの部分が建築物に依存しています。

　そのため、建築物を利用する者やその近隣の者に対して危険を及ぼす可能性があれば、建築物の建築やその規模などを規制しなければなりません。ですから、建築基準法をはじめとする諸法令がさまざまな規制を施しているのです。

　たとえば、建物の安全や衛生を確保するには、敷地の整備が必要ですし、災害に備えて、建物自体の柱・壁・梁などの主要構造部の安全を確保する必要があります。

　さらに、適切な排水設備、電気設備、屋根や外壁の設置の仕方についても規制を施す必要があります。このように、建築基準法は都市全体の合理的な発展も考慮して、建物の建築について多くの規制をしています。

● 建ぺい率と容積率の制限

　建築基準法は、用途地域ごとに建ぺい率と容積率を定めて建物の規模を制限し、敷地に一定割合の空地を確保することで、周辺の安全な環境（延焼防止など）を維持しようとしています（64ページの表）。

① 建ぺい率（建蔽率）の制限

　建ぺい率とは、敷地面積に対する建物の建築面積の割合のことです。建ぺい率は大きければ大きいほど、建物用に利用できる面積が大きくなります。たとえば、敷地面積200㎡の土地で建ぺい率60％とすると120㎡の敷地を利用して建物を建設できるのに対し、建ぺい率40％では80㎡の敷地しか建物建設に利用できません。この建ぺい率は用途地域ごとにいくつかの割合が定められており、その中から都市計画によって最高限度が決定されます。

　ただし、同一の用途地域でも、ⓐ防火地域内の耐火建築物（鉄筋コンクリートの建物など）、ⓑ角地にある特定行政庁が指定する敷地内の建築物は、建ぺい率が通常よりも10％増し（ⓐⓑの両方に該当すれば20％増し）になります。

　また、公衆便所、公共用歩廊（アーケード）など公共のために利用する建物の場合は、建ぺい率の制限が適用されません。

② 容積率の制限

　容積率とは、敷地面積に対する建物の延べ床面積（その建物の各階の床面積の合計）の割合のことです容積率も大きければ大きいほど、建設できる建物の延べ床面積が広くなります。この容積率も用途地域

■ 建ぺい率と容積率

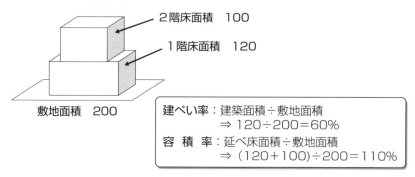

ごとにいくつかの割合が定められており、その中から都市計画によって最高限度が決定されます。さらに、敷地の前面道路が12m未満のときは、その幅員によっても容積率の最高限度が定まります。

つまり、容積率は「都市計画」及び「前面道路の幅員」によって決定される最高限度のうち、どちらか厳しい方（小さい方）が適用されるので、容積率を調べるときは、前面道路の幅員による制限にも注意しなければなりません。

■ 用途地域ごとの建ぺい率制限

地域区分		原則数値（%）	特例	
			防火地域内の耐火建築物	特定行政庁の指定する角地
用途地域	①第1種低層住居専用地域	30、40、50、60 ※1	+10%	+10%（防火地域内の耐火建築物であれば、+20%）
	②第2種低層住居専用地域			
	③第1種中高層住居専用地域			
	④第2種中高層住居専用地域			
	⑤第1種住居地域	50、60、80 ※1	+10%（ただし、80%の地域では+20%）※2	
	⑥第2種住居地域			
	⑦準住居地域			
	⑧準工業地域			
	⑨近隣商業地域	60、80 ※1		
	⑩商業地域	80	+20% ※2	
	⑪工業地域	50、60 ※1	+10%	
	⑫工業専用地域	30、40、50、60 ※1		
用途地域の指定のない区域		30、40、50、60、70 ※1		

※1　原則数値が複数のものについては、それぞれの地域の都市計画で具体的な数値が定められる。たとえば、図中の「用途地域の指定のない区域」の原則数値については、「30、40、50、60、70」のうち、特定行政庁が土地利用の状況等を考慮し区域を区分して、都道府県都市計画審議会の判断を経て定める数値となる。

※2　原則数値が80%の地域で、防火地域内の耐火建築物は100%、つまり敷地いっぱいまで建てることが可能である。ただし、隣地境界線から外壁まで原則50cm以上離すという民法の規制（例外あり、76ページ）や、建築のための足場のスペース等も考えると、建ぺい率100%はあまり現実的ではない。

 建築基準法について知っておこう

必要最低限度の守るべき基準を定めている

● 建築基準法とは

　建物（建築物）は人が生きていく上で重要な要素のひとつです。建物は所有者の財産である以上、建物をどのように建て、どんな用途で使用しようと所有者の自由であるようにも思えます。しかし、建物には、居住などの私的に利用する側面の他に、他人の建物と隣接して地域環境の一要素となり、用途によっては不特定多数の人が利用することもあるなど、公的な側面もあります。

　建築基準法は、特に公的な側面を考慮し、社会全体の利益を損なわないように、建物の敷地・構造・設備・用途などについて必要最低限度の守るべき基準を定めています。建築基準法の規制は多岐にわたりますが、まず「建築物の高さの制限」「建築協定」を見ていきます。

● 建物の高さの制限

　建物を建てる場合は、その建物の高さの制限に注意しなければなりません。高層の建物が無秩序に建てられると、日照や通風が阻害されて周囲の環境を悪化させるだけでなく、災害時の救出活動や消防活動にも支障が生じるおそれがあります。建築基準法では、建物の高さについて以下のような制限を課しています。

① 絶対高さの制限

　第1種低層住居専用地域及び第2種低層住居専用地域では、良好な住環境を保護するため、原則として建物の高さは10mまたは12mを超えてはならないとの制限が課せられています。これを「絶対高さの制限」と呼ぶことがあります。

② 道路斜線制限

　道路斜線制限とは、採光や通風を確保するため、道路上空の建物を建てられる部分を制限するものです。下図を例に道路斜線制限を考えてみましょう。

　まず、敷地と道路の境界線上（下図のＢ）に道路幅（下図では４ｍ）に対して1.25倍（商業系・工業系の用途地域では1.5倍）の長さの垂線を引きます。次に、この垂線の終点に向かってＡから斜線を引きます。このとき、Ｂから引いた線の終点とＡから引いた斜線が交わる点をＸとすると、ＡＢＸの三角形ができます。このＡＸの直線をさらに上空に向かって延長した先をＰとします。このＡＰの線を「道路斜線」といい、容積率に応じて定められた距離の範囲（下図では20ｍ）にある建物は、道路斜線の下に収まっていなければならないというのが「道路斜線制限」です。

■ **道路斜線による制限**

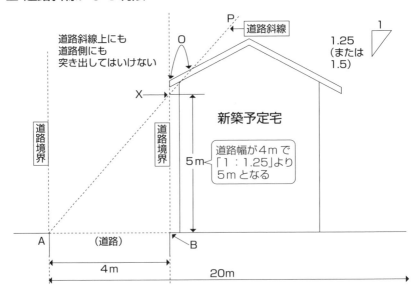

前ページの図では、道路斜線から上空に突き出した部分（図のOの部分）が制限を超えていることになります。なお、道路斜線制限には一定の条件における緩和措置や特例が設けられているため、建物を建てる場合には事前に地方自治体で調べておくことが必要です。

③　隣地斜線制限（隣地境界線の斜線制限）

　隣地斜線制限とは、通風や日照を確保するため、隣地間で近接した建物の高さを制限するものです。隣地斜線制限が適用されるのは、都市計画法が定める12種類の用途地域のうち、第1種低層住居専用地域

■ 隣地斜線制限のイメージ

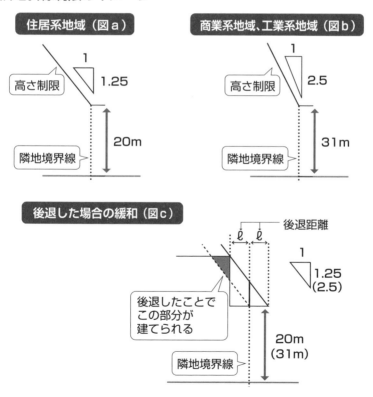

及び第2種低層住居専用地域を除いた（隣地斜線制限よりも厳しい絶対高さの制限が課せられているため）10種類の用途地域です。

　具体的には、住居系の用途地域の場合、建物の高さが20mを超える部分について、傾斜が1：1.25の斜線の範囲に収まるように建築しなければなりません（前ページ図ａ）。商業系・工業系の用途地域の場合、建物の高さが31mを超える部分の傾斜が1：2.5の斜線の範囲に収まるように建築しなければなりません（前ページ図ｂ）。

　また、隣地境界線から後退して建物を建てる場合、隣地斜線制限が緩和されます。隣地境界線から後退した場合、後退した分だけ隣地側に離れた所から斜線を立ち上げます。道路斜線と違うのは、20m（31m）の高さより上で建物を後退させれば、その分だけ隣地斜線から離れ、その離れた分が緩和されたことになり、より高い建物が建てられます（前ページ図ｃ）。高層の建物を段々にすることがあるのは、この隣地斜線制限を回避するためだといえます。

　また、建物の敷地が公園・広場・水面等に接する場合にも一定の緩和措置があります。さらに、建築物の敷地の地盤面が隣地の地盤面より1m以上低い場合には、その建築物の敷地の地盤面は、高低差から1mを引いた数値の2分の1だけ高い位置にあるとみなします。

④　北側斜線制限

　北側斜線制限とは、北側にある隣地の日照を確保するため、建物の高さを制限するものです。北側斜線制限が適用されるのは、低層住居専用地域及び中高層住居専用地域です。

　低層住居専用地域の場合、真北方向の隣地境界線について、地盤面から5mの高さを起点に、傾斜が1：1.25の斜線の範囲に収まるように建物を建てなければなりません。中高層住居専用地域の場合、地盤面から10mの高さを起点に、傾斜が1：1.25の斜線の範囲に収まるように建物を建てなければなりません（次ページ図参照）。

　ただし、一定の場合に緩和する措置も認められているため、事前に

地方自治体で調べることが大切です。

⑤ **日影による高さ制限（日影規制）**

　日影規制とは、中高層の建物により日影が生じる時間を制限し、周囲の建物が一定の日照時間を確保できるようにするための規制です。建物の周辺に生じる日影を規制することで、間接的に建物の形態を規制しています。日影規制は全国一律に適用されるものではなく、地方の気候や風土に応じて、地方自治体が条例で日影時間を指定します。

● 建築協定とは

　建築協定とは、ある区域内の住民が、住宅地としての環境や商店街としての利便などを高度に維持増進するのを目的とし、建築物の構造や用途などにつき一定の制限を定めるものです。建築協定は「私的な建築協定」と「建築基準法に基づく建築協定」に分けられます。

　このうち建築基準法上の建築協定として締結できる内容は、その区域内における建築物の敷地・位置・構造・用途・形態・意匠・建築設備に関する基準の他、建築協定の目的である土地の区域、建築協定の有効期間、建築協定違反に対する措置です。また、建築協定の対象地

■ 北側斜線制限のイメージ

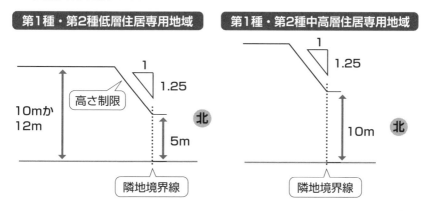

域は市区町村の条例で定める区域内に限定され、対象地域内の土地所有者及び借地権者全員の合意を必要とします。

一方、私的な建築協定は、契約自由の原則によって、自由にその内容を定めることができ、対象地域は限定されない（どの地域でも締結できる）のを原則とします。

ただし、建築協定の内容は、私的な建築協定であっても、建築基準法の定めに違反するものとすることはできません。さらに、土地や建物の利用を不当に制限するものとすることもできません（権利濫用又は信義則違反として無効となる場合があります）。

● 建築協定にはどのような意味があるのか

私的な建築協定は、あくまで私法上の契約であるため、合意をした当事者のみを拘束するにとどまり、協定成立後に不動産の所有権又は借地権を取得した第三者を拘束する効力はありません。

一方、建築基準法に基づく建築協定は、特定行政庁の認可を得て公告されると、協定成立後に土地の所有権又は借地権を取得した第三者を拘束する効力（第三者効）が付与されます。建築基準法に基づく建築協定を締結する意味は、通常の契約には発生しない第三者効を付与して、建築協定の安定性・永続性を保証することにあります。

● 建築協定の半数程度が１人協定である

１人協定制度とは、住宅地の新規開発を行う業者が、宅地分譲の開始前に建築協定を締結し、建築協定付きの住宅地として販売することを認める制度です。土地所有者である開発業者（デベロッパー）だけで建築協定を締結することを認めるという点に特徴があります。

建築基準法に基づく建築協定が締結された地区（建築協定地区）の半数程度が、この「１人協定」を締結した地区と言われています。

開発許可・宅地造成工事について知っておこう

都市計画法をはじめとし、さまざまな許可申請が必要になる

● 行政への許可や届出が必要な場合がある

　都市計画法は計画的な街づくりを行う区域を「都市計画区域」と指定し、①積極的な整備・開発を促進する「市街化区域」と、②開発を抑制し、農地などの自然を保全する「市街化調整区域」、③市街化区域にも市街化調整区域にも区分されない「非線引き区域」（非線引き都市計画区域）に分け、宅地造成工事に際しては開発許可を要する基準を区域区分に応じて定めています。具体的には、①市街化区域では原則として1000㎡以上の土地、②市街化調整区域では原則としてすべての土地、③非線引き区域では原則として3000㎡以上の土地について、宅地造成工事を行う場合は、都道府県知事による開発許可が必要になります（31ページ）。

　なお、都市計画区域や準都市計画区域などでは、建築基準法上の建築確認がなければ、原則としてあらゆる建物を建築できないことに注意が必要です。開発許可から建物建築までの流れは次ページの図を参照してください。

　この他、農地を宅地へと転用する場合や、盛土や切土によって宅地造成を行う場合にも、行政への許可や届出が必要になることがありますので、事前に確認するようにしましょう。

● 無断で施行された擁壁が存在するとどうなる

　擁壁とは、高低差のある傾斜地で、斜面の土砂を保護し、崖崩れなどを防止するために造られる壁状の構築物のことです。建築基準法では2mを超える擁壁を築造するには、確認申請が必要とされています

が、それ以下の擁壁については規定されていません。つまり2ｍ未満であれば自由に設計できることになります。そのため、仕入れた土地上に行政が要求する安全基準に満たない擁壁が存在することも少なくはありません。このような安全性が確認できないような擁壁がある場合、開発許可や宅地造成許可の申請に際して、造り直しを命ぜられる危険性があります。擁壁を造り直すとなると、数百万程度の費用が必要となり、この費用は宅地造成費用に加算される結果、分譲販売時の価格が擁壁の造り直しに要した費用分だけ跳ね上がることになります。

● 農地の転用と開発許可

　農地を購入して宅地へと転用する場合、農地法5条に基づき、市街化区域内の農地であれば、各市町村に設けられた農業委員会への届出を行い、市街化区域外であれば都道府県知事（または指定市区町村の長）の許可を取得する必要があります。届出や許可申請は、売主と買主が共同で行う必要があります。

■ 開発許可をめぐる手続きの流れ

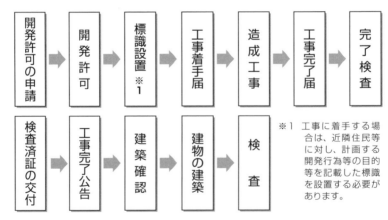

5 建築確認申請について知っておこう

トラブルに遭わないために契約には注意する

● 設計図と見積書を作成する

　たとえば、不動産業者が建売住宅を自ら建てることになった場合は、その地域の周辺事情・風習・気候などを考慮して、建物の基本素材、屋根の種類、各階の高低、天井の高さなどを具体的に決めていきます。また、地震・台風・火災などの災害対策として、地盤・土台・柱・梁の仕様や、耐火性の建材の導入にも留意する必要があります。以上の点などを踏まえて、不動産業者は建売住宅の建築の基本となる設計図を作成します。

　希望する建売住宅の設計図がまとまると、建設業者・設計事務所と相談しながら見積書を作成します。その結果、見積額が予算を上回る場合には、見積額の値下げ交渉、設計図の見直し、予算の増額を検討します。

● 工事開始前に建築確認の申請をする

　建築確認とは、建物が建築基準法などの法令に適合しているかどうかを確認することです。この確認を求める申請を建築確認申請といいます。一定の規模を超える建物（大規模建築物）や、病院・百貨店・ホテル・映画館などの建物（特殊建築物）を建築するときは、地域を問わず建築確認が必要です。その他の建物（一般建築物）を建築するときは、都市計画区域や準都市計画区域などでのみ建築確認が必要です。

　建築確認を行うのは、市区町村に設置される建築主事（設置されていない場合は都道府県の建築主事）、又は民間の検査団体である指定確認検査機関です。

建築主事又は指定確認検査機関は、申請書、建物の設計図などの書面審査だけでなく、建設予定の敷地の状況などの現地検分も行います。その結果、法令に適合していれば建築確認がなされ、確認済証を取得すると工事の着工が可能になります。なお、工事の中間段階で検査（中間検査）が要求される場合もあります。

最後に、工事完成後には、建築確認通りの建物が完成しているのかについて検査（工事完了検査）を受けます。その上で、工事完了検査に合格すると検査済証が交付され、建物の利用が可能になります。

● 建物の建築に関わる契約はどのようなものか

たとえば、不動産業者が土地を購入して建売住宅を建てるまでには、多くの工程をクリアしなければならず、それぞれの工程では明確な契約書を取り交わしておく必要があります。こうすることで、追加費用が請求されるなどの思いがけないトラブルを避けることができます。

建物の建築は莫大な資金と労力を要する事業であるため、その事業の失敗は業者の経営を左右しかねません。契約書を作成する上で最低限の知識を押さえて、契約関係はクリアしておきたいところです。そして、建物を建築する際に締結する重要な契約は「工事請負契約」と「設計監理契約」です。

● 工事請負契約

工事請負契約とは、建築主と建築業者との間で交わされる契約です。その内容は、建築業者が建物を建築し、工事完成時点に建築主が建築業者に請負代金（工事代金）を支払うものです。不動産業者は建築主となり、建築業者は主に工務店などを指します。

建築士の指示に従って、実際に建物の工事を行うのが建築業者です。工事請負契約書には、建物の完成時期、工事期間、工事代金、工事内容について必ず明記します。他に工事請負契約書に記載する事項には、

建築工事の遂行、検査と引渡し、契約の変更・違反・責任、紛争の解決などがあります。

工事請負契約書については、日弁連（日本弁護士連合会）のサイト（http://www.nichibenren.or.jp/）に「日弁連住宅建築工事請負契約約款」というモデルがありますので、契約書作成に際してはこちらを参照するとよいでしょう。また、工事請負契約書には通常、設計図・仕様書・見積書などが添付されます。

また、工事請負契約書には、保証人とは別に完成保証人について記載されることもあります。完成保証人とは、何らかの理由で請負人が工事を継続することができなくなったときに、請負人に代わって工事を完成させる義務を負う者です。

● 設計監理契約

設計監理契約とは、建築主と設計事務所の間で交わされる契約です。その内容は、設計図の作成、工務店の選定、見積書の検査、建築確認申請の代行、工事の監理（設計図通りに工事が進んでいるかを検査）などについて、設計事務所に依頼するものです。

■ 建築計画から工事の完了まで

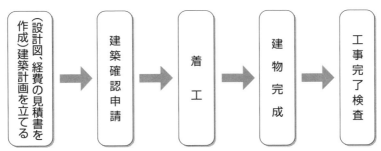

6 建築工事について知っておこう

隣家との間に一定の距離を置かなければならない

● 境界線からどのくらい離すのか

　境界線にあまり接近したところに建物を建てると、日照や通風に支障が出るため、民法では、「建物を建てるには、境界線から50cm以上離さなければならない」と規定しています。ただし、この規定による間隔は相隣者の間で協議して合意すれば、狭くすることもできます。
　一方、都市計画法や建築基準法には民法の定める「50cm」よりも狭い間隔での建築を許容している規定があります。この場合、どちらの規制に従うべきかが問題となりますが、一般的には、建築基準法等の規制が民法よりも優先すると考えられています。たとえば建築基準法では、防火地域または準防火地域内の建物で、外壁が耐火構造である場合には、隣地境界線に接して建築物を建てることができると明記されています。耐火構造の外壁を推奨するとともに、土地の合理的・効率的な利用を図る目的があります。

● 違反に対する対抗手段

　建物を建築する際に距離の規制がなされていても、その違反に対する対抗手段がなければ、規制は絵に描いた餅となってしまいます。
　そこで、民法の規制に反して建物を建てようとする者がいるときは、隣の土地の所有者は、その建築を中止させ、または変更させることができます（民法234条2項）。
　さらに、それも無視して建築が進むようであれば、建築工事の差止めを求めて裁判所に申し立てることができます。ただし、建築に着手してから1年を経過し、または建物の建築が完成した後では、建築の

中止・変更の請求はできません。建物はそれ自体が高額で経済的価値を持つ不動産ですが、それを取り壊すのにも、相当な費用がかかります。そのため、ある程度工事が進んでしまった場合に元に戻す、または出来上がった建物を完成後に取り壊すことは、国民経済上の不利益であると考えられているのです。この場合は、損害賠償の請求しかできないことになります（民法234条２項ただし書）。そこで、建築の中止を確実にしたいときは、裁判所に建築工事禁止の仮処分の申請をするとよいでしょう。

● 建築工事のための隣地の使用

　隣地との境界線近くに建物を建築する場合、足場を組み立てるには、隣地への立入りが必要となることがあります。このような場合があることを考慮して、民法では、建物の建築や修繕をするために必要な範囲内で、隣地所有者に隣地への立入りを請求することができると規定しています。この権利を隣地使用権といいます。

　しかし、あくまでも隣地所有者に自らの立入りを認めるように請求できるというだけであって、隣地所有者の承諾なく勝手に隣地に立ち入ることができるわけではありません。隣地所有者の承諾が得られな

■ 建物を建築する場合に生じる問題

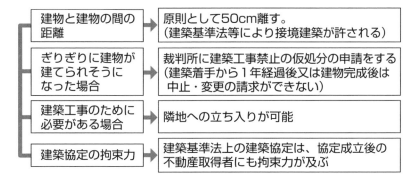

い場合は、裁判所に隣地所有者の承諾に代わる勝訴判決を求めて訴訟を提起するべきと考えられています。

● 目隠しを作る場合

　隣地との境界線から一定の距離を確保した上で建物を建築するように民法では規定されていますが、民法上の規制ぎりぎりに建設されたりすると、隣家が丸見えになることもあります。そこで、民法ではプライバシーを保護するために、境界線から１ｍ未満のところに窓や縁側、ベランダを作る場合は、目隠しをつけなければならないと規定されています。

　もっとも、市街地のように建物が密集している地域で、目隠しを不要とする慣習がある場合は、その慣習に従い、目隠しをつける必要はありません。

● 建築協定による制限がある場合

　建築協定とは、ある一定の区域の住民が、住宅地としての環境や商店街としての利便などを高度に維持増進することを目的として、建築物の構造や用途などについて、一定の制限を定めることをいいます。この建築協定には、私的なものと建築基準法に基づくものとがあります。そのうち私的な建築協定は、その合意をした者だけを拘束し、協定成立後に土地を購入した者には拘束力は及びません。

　これに対して、建築基準法に基づく建築協定は、市区町村長あるいは都道府県知事の認可を得て公告されると、協定成立後に土地を購入した者に対しても、その拘束力が及びます（70ページ）。

建築基準法と道路の関係について知っておこう

災害時にすぐ避難できるようにするための接道義務

● 接道義務とは

　周りの家々に目を配ると、多くの場合、敷地が道路に面していることがわかります。これは接道義務（建築基準法43条）が課されているからです。接道義務とは、建築物の敷地は、原則として幅員4m以上の道路に2m以上接していなければならないとするルールのことです。接道義務の対象となる道路は、建築基準法42条に列挙されています。

　具体的には、ⓐ道路法で定める道路（国道・都道府県道・市区町村道）、ⓑ都市計画法等で定める道路、ⓒ建築基準法の規定が適用されるに至った時（基準時）に存在していて行政庁から指定を受けた道路（2項道路）、ⓓ都市計画法等による事業計画のある道路で、2年以内に事業執行予定のものとして特定行政庁（市町村長又は都道府県知事）による指定を受けたもの、ⓔ特定行政庁からの指定を受けた位置指定道路（82ページ）などに接する義務が課されます。

■ 接道義務

道路　　幅　2m

緊急車両の通行や災害時の避難に支障がないので建築可

第2章　建築規制・道路境界・登記のしくみ

接道すべき具体的な広さについては、地方自治体の条例で定められています。なお、地方自治体は、接道義務について必要に応じて制限を加えることはできますが、制限を緩和することはできません。

もっとも、接道義務があるといっても、日本には幅が4mに満たない「2項道路」に建築物が立ち並んでいる状況が多々あります。そこで、後述するように、幅員4m未満の2項道路に面する土地上に建物を建築するときは、道路中心線から2m後退して建物を建てなければならないことになっています（セットバック）。

● セットバックとは

建築基準法42条2項で規定されている「都市計画の策定時から存在して、建築物が立ち並んでいる、幅員が（1.8m以上）4m未満の道路」というのは、専門用語で2項道路と呼ばれるものです。

2項道路には、原則としてセットバック義務と呼ばれる道路中心線から2m分だけ敷地を後退させる義務が課されます。セットバックとは、道路の幅員を確保するために敷地の一部を道路部分として負担する場合の当該負担部分のことで、より簡単にいえば、道路の境界線を後退させることです。

「建物が立ち並んでいる」の意味については、解釈運用上の争いがあり、ⓐ道に接して建築物が2個以上あればよいと考えて緩やかに解する見解と、ⓑ建築物が寄り集まって市街の一画を形成するなど機能的な重要性を必要とする見解があります。敷地に面している道路が2項道路かどうかについては、敷地の取引を行う前に地方自治体の窓口での調査が不可欠です。セットバックについては例外もありますので、あわせて確認しておくとよいでしょう。

2項道路の指定について不服がある場合は、その指定の取消しを求めて行政不服審査を申し立てるか訴訟を提起することが考えられます。

最後に、建築基準法43条1項ただし書には、都市計画区域（56ペー

ジ）内における建築物の敷地が接道義務（79ページ）を満たして道路に接していない場合でも、建設許可を受け得る場合があることが規定されています。この許可基準や可否についての適合性も、敷地の取引を行う前に地方自治体の窓口に確認しておくことが大切です。

● **私道負担の問題を理解する**

　私道とは、公道（一般国道・都道府県道・市町村道）以外の道路であって、私人が所有する土地の全部又は一部を道路として使用している部分のことです。道路が舗装されていて公道と変わらないように見えても、それが私道であることは多々あります。

　私道の所有形態としては、ⓐ特定の者が単独所有又は共有する形態、ⓑ私道に面した土地所有者全員が共有する形態、ⓒ私道部分が分筆されて各々の土地所有者が所有する形態があります。

　土地（敷地付きの住宅を含む）の売買又はその媒介・代理をするときは、私道負担に関してトラブルが多いことから、その土地に私道負担があるかどうかを確認することが必要です。

■ **セットバック**

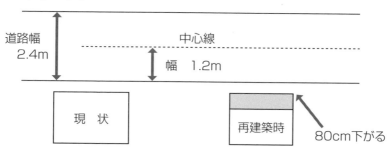

道の両側のすべての建物がセットバックをすれば、結果的に道路幅が4mになる

また、私道負担に関する事項は、契約成立前に宅建業者が買主に対して説明すべき事項に含まれています（重要事項説明）。具体的には、私道負担の有無、私道の面積、共有持分・負担金（通行料など）があるときはその内容、が重要事項説明として要求されています。

　私道負担の一例として、土地に接する道路（前面道路）が私道で、しかも他人が所有しているので、通行料を支払わなければならない場合があります。この事実を買主に知らせずに土地の売買が行われたときは、買主が思わぬ負担を強いられるので、契約当事者や宅建業者を巻き込んでトラブルに発展しかねません。

　また、後述する位置指定道路となった場合を除き、所有者は私道の廃止を自由に行えるのが原則です。しかし、私道の廃止が自由にできない場合もあり、これも私道負担の一例です。

　具体的には、私道に第三者の通行権（囲繞地通行権・通行地役権など）が設定されているときは、自由に廃止ができません。また、私道の廃止によって、その私道に接する第三者の土地が接道義務（79ページ）に抵触することになる場合、特定行政庁は、その私道の廃止の禁止又は制限ができます（建築基準法45条）。

　これらの事実を買主が知らなかったときも、買主が私道を廃止して建物を建てようとしていた場合などには、トラブルに発展することがあります。

● 位置指定道路になった場合

　特定行政庁から位置の指定（道路位置指定）を受けた私道を位置指定道路といい（建築基準法42条１項５号）、位置指定道路に面する土地では建物を建築することができます。道路位置指定の申請は、建物を築造しようとする者が行います。申請時期は道路の建設後でもかまいませんが、完成した道路が道路位置指定を受けるための基準を満たさない可能性もあるので、事前に行う方が無難だといえるでしょう。

申請の際には申請書に見取図や地積図、土地などの権利者の同意書を添付します。そして、道路位置指定を受けた私道は、一般人の通行にも利用されることになります。
　このように、私道であっても、道路位置指定を受けると一定の公共性をもつことになるため、道路での建築が制限されるなど、利用形態が制限されます。また、原則として私道の廃止や変更が行えなくなるなどの効果が発生します。

● 位置指定道路と車の出入り

　位置指定道路に敷地所有者（私道の所有者）の障害物があるために、車で出入りするのに不都合が生じた場合、位置指定道路は、一般人も利用できる道路となっていることから、私道の利用者は敷地所有者に対して障害物の撤去を請求できます。
　また、位置指定道路でなくても、そこを通行することが日常生活で必要不可欠な利益を有する者は、通行の自由権に基づき、敷地所有者に対して妨害予防請求や妨害排除請求ができるとした裁判例があります。
　このように、通行権は強い権利として認められていますが、他方で所有者の権利を制限することに変わりはありません。そのため、道路の維持管理の面から必要性が認められない一定の事情がある場合には、妨害排除請求が認められないこともあります。
　車の通行に関する裁判例によると、他の道路を使って通行ができる事情や、通行者の利用状態・通行の必要性などを判断材料として、通行者による妨害排除請求を否定したものがあります。
　逆に、通行者による通行によって、敷地所有者が被る不利益と通行者が得られる利益の大きさを比較して、敷地所有者が著しい損害を受けるような特段の事情がない限り、通行者は、妨害予防請求や妨害排除請求ができると判断したものもあります。個別の事情によって判断が異なるといえるでしょう。

第２章　建築規制・道路境界・登記のしくみ

8 境界について知っておこう

境界には2つの意味があり、意味によって決め方が異なる

● 境界の意味と境界に関する争い

境界には「公法上の境界」(筆界)と「私法上の境界」(所有権界)という2つの意味があります。

① 公法上の境界(筆界)

公法上の境界とは、登記制度に反映されている地番と地番の境のことで、「筆界」とも呼ばれています。公法上の境界は国が決めるべき事柄で、隣り合う土地の所有者間で決定できる性質のものではありません。隣接する土地の所有者間でとりきめをしても、それにより公法上の境界が決められるわけではありません。

公法上の境界について争いがある場合は、境界確定訴訟(筆界確定訴訟)という訴訟を提起する必要があります。境界確定訴訟とは、隣接する土地を挟む公法上の境界が不明な場合に、裁判所が公法上の境界を確定させる訴訟のことです。

境界確定訴訟は公的な性格をあわせ持つため、和解によって訴訟を決着させることができません。裁判所は、当事者の主張に拘束されず、あらゆる資料を参照して客観的に公法上の境界を定めます。

② 私法上の境界(所有権界)

私法上の境界とは、土地に関する所有権の範囲を問題とするもので、隣接地の所有権との境界線を意味しており、「所有権界」とも呼ばれます。私法上の境界については、隣接する土地の所有者間のとりきめによって決めることができます。

もっとも、公法上の境界(筆界)と私法上の境界(所有権界)は一致するのが通常です。しかし、他人の土地の一部について、その所有

権を時効により取得した場合（取得時効）のように、公法上の境界と私法上の境界が一致しないこともあります。

境界の紛争では、所有権の範囲を争う私法上の境界を問題にしている場合が多いようです。私法上の境界を争うときは、一般的な所有権確認訴訟を提起することになります。訴訟の提起後に和解によって決着させることも可能です。

境界が確定したときに作成するもの

公法上の境界の位置が特定された際は、それをお互いに確認する意味で「筆界確認書」を作成し、お互いの署名と実印の押印を行うとともに、印鑑証明書を添付して保管します。筆界確認書には、筆界を確認した土地の表示と筆界の状況を記載します。筆界の状況は、筆界確認書に「別紙測量図に記載」と記載し、筆界確認書とは別に測量図を作成します。

■ 境界の確定方法

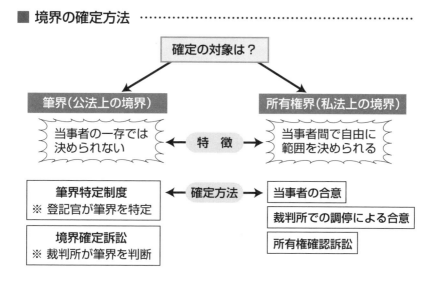

また、土地の売買の際は、公法上の境界とは別に、お互いの土地所有権の範囲を明らかにするため、隣地所有者との間で境界の位置について合意する方法もあります。当事者間で合意した際には「境界合意書」を作成し、署名押印して保管します。境界合意書には、境界の画定などの合意内容を記載し、別紙として土地の地番を示した物件目録を作成します。

　さらに、土地と道路との境界線に関しては、市区町村に道路明示申請を行い、「道路境界明示書」の交付を受けることで境界線が確定します。道路境界明示書と筆界確認書は、土地の売主から買主に引き継ぐものなので、大切に保管します。

● 境界標（境界杭）の有無で異なる

　土地の境界線は目に見えないため、境界を示す手段として、自然の道などの地形や、区画線に石材を埋め込むなどの方法が利用されます。この境界を表すための標識を「境界標」（境界杭）といいます。境界標がない場合は、測量図や登記所にある地積図・公図などを利用して境界線を判断します。その資料を基に、隣地所有者と協議して境界を確定するのが普通です。もっとも、合意による境界は絶対的なものではありません。地番と地番の境界は「公法上の境界」として決められているからです。また、公図が絶対的な証拠にはならないことにも注意する必要があります。公図は測量技術が未熟な時代に作成されたもので、土地が正確に表記されていないこともあるからです。

　以上の方法でも境界が定まらない場合は、境界確定訴訟や所有権確認訴訟を提起することになりますが、裁判によらない方法として、筆界特定制度があります。

● 筆界特定制度とは

　筆界特定制度とは、土地の登記名義人などの申立てに基づき、筆界

特定登記官が、外部専門家である筆界調査委員の意見を踏まえて、現地における土地の筆界の位置を特定する制度です。申立先は土地の所在地を管轄する法務局（地方法務局）の筆界特定登記官です。

　申請手数料は土地の価格（申請者の土地の価格と隣地の土地の価格との合計額）で決まります。また、測量が必要な場合には測量費が別途かかります。筆界の特定までは半年程度を要します。

　筆界の特定には専門的な知識・経験が要求されるので、必要な調査と意見を筆界特定登記官に提出する筆界調査委員が任命されます。筆界特定登記官は、筆界調査委員が提出した筆界特定に関する意見を踏まえ、資料その他の各種事情を総合的に考慮して筆界を特定し、理由の要旨とともに「筆界特定書」に記載します。

　筆界の特定後、筆界特定登記官は、筆界特定書の写しを申請人に交付し、関係人（隣地所有者など）にも通知します。筆界特定の結果には法的拘束力がない（裁判所を拘束しない）ため、結果に不満があれば、境界確定訴訟などの裁判で争うことができます。筆界確定の記録は訴訟に提出されると、裁判の証拠として尊重されます。なお、裁判になると最終的な解決まで年単位の時間を要するのが一般的です。

■ **公図**

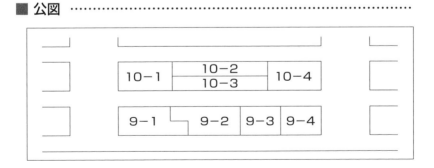

9 塀の設置について知っておこう

塀の設置費用や管理費用は隣家と折半できる

● 塀を作るには

　2棟の建物が別々の所有者に属し、それらの建物間に空地がある場合、各建物の所有者は、他の所有者と共同の費用で境界上に塀又は柵（囲障）を設置できる権利（囲障設置権）があります。囲障設置権は建物所有者に認められる権利であるため、賃借した敷地上に建物を所有している者にも認められます。

　新しく塀を設置する場合は、隣人（隣家の建物所有者）と協議を行います。塀の中心線上に境界線がくるように塀を設置するときは、隣人の承諾を得ずに勝手に設置すると、違法行為（隣地の所有権侵害など）となる可能性があるからです。

　合意が成立しない場合は、裁判に訴えることで隣人に協力を求めます。裁判では、塀の設置場所、材質、高さ、費用の分担などが指定されます。裁判が確定した後も隣人が塀の設置に応じない場合は、自らの負担で塀を設置した上で、その費用を隣人から取り立てます。

　以上のことは、塀の中心線が隣地との境界線と一致しているのを前提とした話です。既存の塀の中心線が実際の隣地との境界線と一致しない場合は、塀の中心線が隣地の境界線と一致するように塀を設置し直す必要が生じます。

● どんな塀を設置するのか

　隣人と共同して設置する場合は、塀の高さや材質などを協議しますが、隣人との意見が一致するとは限りません。意見が一致しない限り塀を設置できないのでは困ります。そこで、協議が調わないときは

「高さ2mの板塀又は竹垣などの囲障」を設置すると民法では規定しています（民法225条2項）。

ただし、自治体の条例又は慣習などで別の定めがある場合は、その定めに従った塀の設置の協力を求めることができます。たとえば、市区町村の条例で「塀は生垣にしなければならない」と規定されていれば、これに拘束されます。

塀を設置すること自体は合意が成立したものの、設置する塀の高さや素材などは合意に至らない場合があります。この場合に、設置する塀を決める基準として、板塀・竹垣などを設置すべきとする民法の規定や条例・慣習の定めがあり、民法の規定よりも条例・慣習の定めが優先されます（民法228条）。もっとも、最近の塀は木製や竹製であることは非常にまれで、ブロックやコンクリートを土台にしてアルミ製の塀を設置することが主流になっています。そこで、設置する塀の素材について、協議が整わない場合には、木や竹製の塀を設置した場合との差額を負担すれば、アルミ製の塀を設置することは可能だといえます。

■ 塀について生じる問題

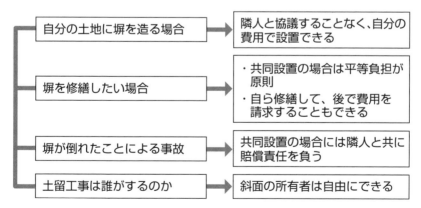

第2章　建築規制・道路境界・登記のしくみ

● 費用の負担はどうなるか

　実際に建物の間に塀を設置することになった場合は、塀を設置するための費用負担が争われることが多いようです。

　民法では、塀の設置費用は「隣人と平等に負担する」と規定しています（民法226条）。しかし、これは隣人との間で設置費用について合意が成立していない場合を前提としています。隣人との間で費用負担について合意が成立しているときは、その内容が平等負担でなくても、その合意に従って費用を負担します。

　また、民法では、設置した塀の所有権は「相隣者の共有物である」と規定していますが（民法229条）、これも所有権の帰属について合意がない場合を前提としています。合意があれば、それに従って塀の所有権の帰属が決まります。

● 自分の土地内に塀を設置するとき

　中心線が境界線上となる塀を設置する場合は、塀が隣地にまたがるので勝手に設置できません（88ページ）。これに対し、すべてが自己の土地内に収まる塀を設置する場合は、隣人と協議する必要はありません。この場合は、自らの費用で、自らが希望する塀を設置することができます。

　ただし、隣人の日照・通風・眺望を侵害する塀の設置は許されません。この場合は、民法上の不法行為が成立し、隣人から損害賠償を請求されるおそれがあります。また、塀を低くするなど設置した塀の修正を請求されることも考えられます。

● 塀の修繕はどうする

　塀の修繕費用については、設置費用の場合と同様に考えることができます。つまり、塀の設置費用を隣人と平等で負担した場合は、その修繕費用も平等負担になるといえます。

一方、高価な塀を設置した場合は、その設置を希望して余分に要した設置費用を負担した者が、余分に要する修繕費用も負担すべきといえます。ただし、修繕費用について設置費用の負担とは異なる内容の合意ができます。

　隣人が塀の修繕に協力しない場合は、設置の場合と同じく、自ら費用を負担して修繕を行い、隣人に負担分を請求します。

● 土留工事の費用負担

　境界線が傾斜面にある場合、塀を設置するには土留工事（土砂崩れを防ぐ工事）をしなければなりません。土留工事の費用負担については、場合を分けて考える必要があります。まず、斜面の所有者は、自分の敷地内のことなので、自由に土留工事ができます。ただし、工事費用の負担を隣地所有者には請求できません。

　これに対し、斜面の所有者でない隣地所有者は、自ら土留工事はできません。しかし、土砂崩れなどで自己の所有地に危険が及ぶ恐れがあるときは、斜面の所有者に土留工事をするよう請求ができます。その場合の工事費用は斜面の所有者が負担します。

■ 高価な塀を作るには

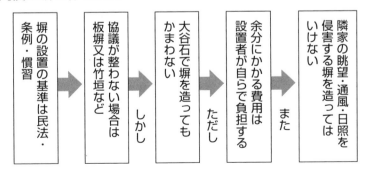

⑩ 登記記録について知っておこう

現在までの権利関係を記録したもの

● 登記記録は戸籍のような役割をもつ

　人が生まれたときは、その子に名前をつけて市区町村役場に出生届を出すと、その子の戸籍が作成され、親と一緒の戸籍に登録されます。転居したときは、同じく役場に転居届を出すと、自分の戸籍に転居した事実が記載されます。さらに、結婚したときは、これも同じく役場に婚姻届を出すと、親と一緒の戸籍から離れて、結婚相手と一緒の新しい戸籍が作成されます。このように、戸籍を見るとその人の人生の経過を知ることができます。

　土地や建物（不動産）の場合に、この戸籍と同じような役割を果たしているのが、原則として磁気ディスクによって調製される登記簿（不動産登記簿）です。登記簿には、不動産に関する状況や権利関係が過去から現在に至るまで記録されています。これらの記録を「登記記録」といい、私たちは登記記録を閲覧することによって、その不動産に関する所有者の移転の経過などを知ることができるわけです。

　登記簿と登記記録の関係は、登記簿が磁気ディスクという「物体」そのものを指すのに対して、登記記録は登記簿の「中身」あるいは「内容」を指します。つまり、登記簿という物体に記録されている中身のことを登記記録と呼ぶわけです。

● 登記記録の成り立ち

　戸籍と同じように、登記記録においても、不動産登記法などの法令が定めるルールに従って、不動産に関する状況や権利関係を整理・記録しています。このルールの細かい点については後述しますが、大ま

かに述べると以下のようになります。
① 登記記録の構成
　登記記録は「表題部」と「権利部」の2つから構成されます。権利部はさらに「甲区」「乙区」の2つに分けられるので、登記記録は表題部・権利部甲区・権利部乙区の3つから構成されているということもできるでしょう。
② 登記をすることができる権利
　不動産登記法では、登記をすることができる権利として「所有権、地上権、永小作権、地役権、先取特権、質権、抵当権、賃借権、採石権」の9種類を規定しています。所有権は権利部甲区に記録され、所有権以外の権利は権利部乙区に記録されます。
　不動産に関する権利は、原則として、登記をしなくても発生しますが、その権利に関する登記を行わなければ、第三者に対してその権利の主張ができません。これを「対抗要件」といいます。つまり、登記は対抗要件としての役割を果たしています。

● 表題部や権利部（甲区・乙区）とは何か

　登記記録は表題部と権利部に分けられ、権利部は甲区と乙区に分けられます。この分類によって、不動産の物理的状況や権利関係がわかりやすくなっているといえます。

■ 登記記録の構成

```
                  ┌─ 表題部 ─< 不動産の所在地や面積などの物理的な情報
登記記録 ─┤
                  └─ 権利部 ─┬─ 甲区 ─< 所有権に関する情報
                              └─ 乙区 ─< 所有権以外の権利に関する情報
```

① **表題部**

　表題部とは、不動産の物理的・外形的な状況を表示する部分です。建物の登記記録には、その建物の所在・家屋番号・種類・構造・床面積などが記録されています。一方、土地の登記記録には、その土地の所在・地番・地目・地積などが記録されています。なお、マンションなどの区分建物の場合は、一棟の建物の表題部と、専有部分（各部屋）の表題部があり、一棟の建物の表題部には、全部の専有部分の家屋番号と建物全体の表示（所在・構造・床面積等）が、専有部分の表題部には、各部屋の表示が記録されます。

　建物が新築されたばかりの段階などは、権利部として記録しなければならない事項がないため、その建物の登記記録としては表題部しかない場合もあります。

② **権利部**

　権利部の甲区・乙区の記載事項は以下で述べる通りです。

　なお、権利関係の優劣については、登記の順位によって決まります。登記の順位について、甲区の中では「順位番号」の若い方が先の順位となります。同様に、乙区の中でも順位番号の若い方が先の順位となります。そして、甲区と乙区の間では、受付の日付が早い方が先の順

■ **表題部サンプル** ……………………………………………………

表　題　部 （土地の表示）	調製	余白	不動産番号	0000000000000
地図番号	余白	筆界特定	余白	
所　在	新宿区○○町一丁目		余白	

①地番	②地目	③地積　m²	原因及びその日付〔登記の日付〕
1番12	宅地	100:00	○○ 〔平成○○年○月○日〕

所有者	○○区○○町○丁目○番○号　○○○○

位となり、同じ日付の場合は「受付番号」の若い方が先の順位となります。

・甲区

甲区は所有権に関する事項を記録する部分です。所有権者が不動産を取得した原因・年月日、所有者の住所・氏名などが記録されています。その不動産の現在の所有権者は、甲区の最後に記録されることになるのが通常です。

所有権に関する登記としては、建物を新築した場合に初めて行う「所有権保存の登記」や、不動産が売買された場合などに行う「所有権移転の登記」などがあります。

所有権とは、不動産などの物を全面的に支配する権利です。たとえば、不動産の所有権を有している者（所有権者）は、所有する不動産について、ⓐ使用（事務所として使用する）、ⓑ収益（他人に賃貸して賃料を得る）、ⓒ処分（他人に売却する）をすることができます。さらに、所有権者は所有する不動産に、賃借権・地上権・抵当権・質権などを設定することもできます。

そのため、不動産取引を始める場合には、登記事項証明書または登記事項要約書の交付を受けて、所有権者が誰なのかをまず調べることが重要です。不動産の売買や相続などで、不動産の所有権移転の登記をした場合、登記事項証明書中の甲区に所有者の変更が記録されるため、所有者の変遷を一目で確認することが可能になります。

・乙区

乙区は不動産の所有権以外の権利についての事項が記録される部分です。乙区に登記される権利は、用益権と担保権の大きく２つに分けることができます。用益権とは、他人の不動産を使用する権利のことで、登記ができる用益権は「地上権、永小作権、地役権、賃借権、採石権」です。売主から不動産を購入しても、その不動産に用益権が設定されている場合は、不動産を自ら使用することが制限されます。担

保権とは、債権回収を確実にするために目的物に対して設定され、債務が履行されないときは、最終的に目的物を金銭に換えて債権回収に充当できる権利のことです。登記ができる担保権は「先取特権、質権、抵当権」です。売主から不動産を購入しても、その不動産に担保権が設定されている場合は、後で担保権が実行されて所有権を失う（競売にかけられる）恐れがあります。

　また、1つの不動産に複数の用益権や担保権が設定されているときは、不動産の権利関係が複雑なものになります。用益権や担保権が付いた不動産は、その開発行為や売却に支障が生じることから、不動産の売買又はその媒介・代理をする際には、必ず登記記録を調べて、不動産の権利関係を慎重に確かめておく必要があります。

● 登記記録は地番や家屋番号によって管理されている

　登記事項証明書や要約書の交付を受ける場合、あるいは登記を申請する場合には、対象となる不動産を特定して申請しなければなりません。土地や建物は登記されると必ず番号がつけられます。土地であれば一筆ごとに1つの「地番」、建物であれば1個の建物ごとに1つの「家屋番号」がつけられます。法務局はこれらの地番や家屋番号を基準にして管轄地域内の不動産の登記記録を管理します。したがって、登記事項証明書の交付請求などをするときは、これらの番号を申請書に記載することで不動産を特定します。

　ただ、土地の地番や家屋番号については、一般の住居表示とは異なる点に注意が必要です。地番や家屋番号は、自分が所有している不動産や、自分が抵当権者になっている不動産などであれば、登記識別情報通知や登記済証（権利証）を見ればわかります。

　上記の方法でわからない場合は、固定資産税の納付通知書（地番も家屋番号も調査可能）、又は法務局などに置かれている「ブルーマップ」（地番のみ調査可能）などで調べます。ブルーマップは住居表示

から地番が簡単にわかるようにした地図帳です。それでも不明な場合は管轄の法務局に問い合わせます。

● 登記記録に記録された事項について

　登記記録に記録されている事項の全部または一部を証する書面として「登記事項証明書」の交付を受けることができます。登記事項証明書の交付を受けたい場合は、登記事項証明書交付申請書に必要事項を記入して、不動産の管轄登記所に提出します。

　調べたい不動産の管轄法務局が遠い場所にある場合でも、現在では「不動産登記情報交換サービス」を利用することで、自宅や勤務先などの近くの法務局で、遠隔地にある不動産の登記事項証明書を取得することができます。

■ 甲区・乙区サンプル

権　利　部（甲区）	（所有権に関する事項）		
順位番号	登　記　の　目　的	受付年月日・受付番号	権利者その他の事項
1	所有権保存	平成〇〇年〇月〇日 第〇〇〇号	所有者　〇〇区〇〇町〇丁目〇番〇 〇〇〇〇
2	所有権移転	平成〇〇年〇月〇日 第〇〇〇号	原因　平成〇〇年〇月〇日売買 所有者　〇〇区〇〇町〇丁目〇番〇 〇〇〇〇

権　利　部（乙区）	（所有権以外の権利に関する事項）		
順位番号	登　記　の　目　的	受付年月日・受付番号	権利者その他の事項
1	抵当権設定	平成〇〇年〇月〇日 第〇〇〇号	原因　平成〇〇年〇月〇日 金銭消費貸借同日設定 債権額　金〇〇〇万円 利息　年〇％ 損害金　年〇％ 債務者　〇〇区〇〇町〇丁目〇番〇号 〇〇〇〇 抵当権者　〇〇区〇〇町〇丁目〇番〇号 株式会社〇〇銀行（〇〇支店）

登記申請について知っておこう

申請書等をそろえ、登記申請する不動産を管轄する法務局に申請を行う

● 2種類の申請方法がある

　登記の申請は自分が登記申請しようとしている不動産を管轄する法務局に申請しなければなりません。登記の申請方法には「オンライン申請」と「書面申請」の2種類があります。

　ただし、添付情報のすべてが電子データになっているわけではないため、オンライン申請をする際に、一部の添付情報の提出を書面で行う特例方式（半ライン申請）が認められています。

　書面申請による場合、まず登記申請書（申請情報を記載した書面）を作成します。登記申請書の他に、申請内容を確認するために必要な情報（添付情報）を提供しなければならない場合は、それも用意します。添付情報は「原本」の添付が原則ですが、申請人が原本を保管する必要があるもの、又はそれを欲するものについては、その原本の返還をあわせて請求します（原本還付）。

　書類の準備ができた後に、管轄の法務局へ出向きます。登記の申請は、不動産の所在地を管轄する法務局で行います。登記申請の受付は、平日の午前8時30分から午後5時15分までとなっています。法務局へ行き、係員に手渡しで提出します。登記内容に不備があった場合には補正が必要です。申請内容に問題がなければ、補正日の経過により、登記が完了することになります。

　法務局では、受け付けた申請書の内容通りに登記記録への記録がなされます。ですから、申請書に記載する内容は、登記をするために必要な事項ということになります。

　申請書への一般的な記載事項（申請事項）としては、①登記の目的、

②登記の原因、③申請人の氏名・住所（法人の場合は名称・住所・代表者名）、④添付書類、⑤代理人の氏名・住所、⑥課税価格、⑦登録免許税、⑧不動産の表示などがあります。

● 添付情報の提供

申請書とともに添付情報を提供しなければなりません。オンライン申請の場合は、申請情報とともに電子データとしての添付情報を送信します。書面申請の場合は、添付情報を記載した書面または電子データ（CD-Rなど）で提供することになります。

添付書類の中には有効期間が設定されているものもあり、作成後3か月以内が有効期間の1つの目安です。有効期間を過ぎた添付情報は登記申請には使用できません。

● 登記済証から登記識別情報へ

登記識別情報とは、登記名義人が登記義務者として登記を申請する場合において、真に登記名義人がその登記を申請していることを確認するために、登記申請時に提出を求められる英数字12桁を組み合わせた、いわば暗証番号のようなものです。

なお、平成17年施行の不動産登記法改正より前に行われた不動産登記や、オンライン庁（インターネットを利用したオンライン申請ができる法務局のこと）に指定される前の不動産登記については、添付されていた登記原因証書や申請書副本に登記済の印が押されて法務局から返されていました。これが「登記済証」です。

現在では、すべての法務局でオンライン申請ができるようになったため、オンライン申請はもちろん、書類申請の場合でも登記完了後には登記済証ではなく、登記識別情報が通知されます。

● 登記識別情報を提供する意味

　登記の申請は原則として登記権利者と登記義務者が共同して行います（共同申請の原則）。登記権利者は登記をすることで形式的に利益を受ける者、登記義務者は登記をすることで形式的に不利益を受ける者です。

　たとえば、売買による所有権移転登記の場合、現在の所有者が登記義務者となりますが、登記義務者は売主として代金を受け取るので、実質的には不利益を受けないかもしれません。しかし、登記の面からだけ考えれば、登記義務者は自己の登記を失うという不利益を受けています。

　そのため、登記義務者が登記識別情報を添付していれば、その申請が登記義務者の真意に基づくものである、という可能性が非常に高いといえるので、登記申請の際には登記義務者による登記識別情報の提供を要求しているのです。

● 事前通知制度とは

　登記申請において登記識別情報又は登記済証の提供がない場合、申請者が本人であるのを確認するため、登記義務者に対して、登記申請に間違いないときはその旨の申出をするべき旨が通知されます。この通知は本人が確実に受け取る必要があるため、本人限定受取郵便により行われます。通知を受け取った者は、添付された回答書に記名し、申請書または委任状に押印したものと同一の印鑑を押して、登記申請が間違いない旨の申出をします。

　なお、所有権に関する登記申請については、申請の一定期間前（3か月程度）に住所が移転したとして登記名義人表示変更の登記がなされている場合は、変更前の住所にも当該申請があった旨の通知がなされます。登記の申請者が、本人になりすまして勝手に住所移転の届出をして登記名義人表示変更登記をすることがあるため、前の住所にも

通知をして安全を図っているのです。

● 資格者代理人などによる本人確認情報

　登記識別情報又は登記済証が添付できない場合、事前通知を省略して登記申請を行う方法として、資格者代理人などによる本人確認の制度があります。これは代理人である資格者（司法書士、土地家屋調査士、弁護士）が申請人と面談を行い、登記名義人本人であるのを確認します。つまり、司法書士などが「本人であることに間違いない」と確認できれば、事前通知を経なくても、登記識別情報（登記済証）を添付せずに登記申請ができます。

　本人確認の手段として、使用した資料や面談の日時、本人確認を行った場所などを明らかにし、本人確認情報として法務局に提供します。提供された本人確認情報が相当と認められれば、事前通知は省略され、登記が実行されます。しかし、本人確認情報が相当と認められない場合、この制度は利用できません。その場合は事前通知による方法で申請を行う必要があります。

■ **添付情報**

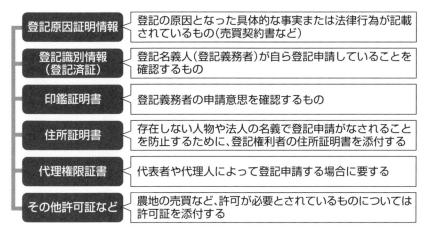

登記原因証明情報	登記の原因となった具体的な事実または法律行為が記載されているもの（売買契約書など）
登記識別情報（登記済証）	登記名義人（登記義務者）が自ら登記申請していることを確認するもの
印鑑証明書	登記義務者の申請意思を確認するもの
住所証明書	存在しない人物や法人の名義で登記申請がなされることを防止するために、登記権利者の住所証明書を添付する
代理権限証書	代表者や代理人によって登記申請する場合に要する
その他許可証など	農地の売買など、許可が必要とされているものについては許可証を添付する

登録免許税について知っておこう

登録免許税には軽減の特例措置がある

● 登録免許税とは

　登録免許税は、国税のひとつです。不動産、船舶、会社、人の資格などについて、公にその証明をするために必要な登記、登録、特許、免許、許可、認可、指定及び技能証明を行うときに課税されます。

　不動産を購入して登記をする場合には、登録免許税がかかります。登録免許税は、登記を受けることによって生じる利益に着目して課税される税金です。また、融資を受ける場合には、不動産を担保に提供して抵当権の設定登記を行いますが、そのときにも登録免許税が課税されます。

　登録免許税を納めなければならないのは、登記や登録等を受ける人です。登録免許税の納付は、原則として銀行などの金融機関に現金納付して、その領収証書（領収証）を登記等の申請書に貼り付けて提出します。ただし、税額が3万円以下の場合には、申請書に収入印紙を貼付して納めることができます。

● 登録免許税の税率の基準

　不動産の登録免許税の金額は、課税標準額（税額を算定する上で基準とする金額のこと）に、税率を掛けて算出します。課税標準額は、新築による建物の所有権の保存登記や、売買や贈与等による土地・建物の所有権の移転登記では、登記される土地・建物の固定資産税評価額になります。抵当権の設定登記の場合は、課税標準額は債権金額の総額です。適用される税率は、以下の通りです。

① 　新築した建物の所有権の保存登記は0.4％

② 売買、贈与、交換、収用、競売等による土地・建物の所有権の移転登記は2.0%
③ 相続や、法人の合併による土地・建物の所有権の移転登記は0.4%
④ 共有物の分割による土地の所有権の移転登記は2.0%。ただし一定の要件を満たす場合は0.4%
⑤ 抵当権の設定登記は0.4%

なお、平成29年3月31日をもって適用期限を迎える以下の特例措置については、2～3年の延長が決定しています。

まず、売買による土地の所有権移転登記にかかる登録免許税の軽減税率は2年間延長され、平成31年3月31日までの間に登記を受ける場

■ 登録免許税の特例

①土地の売買等に係る登録免許税の特例	ⓐ土地の売買による所有権移転登記	1000分の20 ↓ 1000分の15	
	ⓑ土地の所有権の信託の登記	1000分の4 ↓ 1000分の3	
②住宅に係る登録免許税の優遇措置	ⓒ住宅用家屋の所有権の保存の登記	1000分の4 ↓ 1000分の1.5	①個人居住用の住宅、②床面積50㎡以上、③新築又は取得後1年以内に登記、④中古住宅は築後25年（木造は20年）以内に登記（ⓓⓔのみ適用）などの要件を満たした場合で、市区町村長発行の住宅用家屋証明書を添付すれば登録免許税の軽減が受けられる。
	ⓓ住宅用家屋の所有権の移転の登記（売買・競落に限る）	1000分の20 ↓ 1000分の3	
	ⓔ住宅取得資金の貸付け等に係る抵当権の設定の登記	1000分の4 ↓ 1000分の1	

①の特例については平成31年3月31日まで、②の特例については平成32年3月31日まで適用される。

合の登録免許税は1.5％に据え置かれています。

　次に、自分の居住用の、床面積50㎡以上の住宅についても、所有権の保存登記、所有権の移転登記、抵当権の設定登記にかかる登録免許税の軽減税率は３年間延長され、平成32年３月31日までの間に登記を受ける場合は、所有権の保存登記が0.15％、所有権の移転登記（売買と競売のみ）が0.3％、抵当権の設定登記が0.1％と軽減されます。

　ただし、中古住宅の場合は、築後25年以内（木造は20年以内）のものであるか、一定の耐震基準に適合しているものか、あるいは既存住宅売買瑕疵保険に加入しているものに限り、所有権の移転登記と抵当権の設定登記について軽減税率が適用されます。

● 登録免許税の納め方

　書面申請の場合、登録免許税は現金納付が原則です。所定の納付書を使って銀行等（郵便局を含む）で納付し、受け取った領収証書を申請書又は台紙に貼付して提出します。オンライン申請の場合には、歳入金電子納付システムを使って、オンラインで登録免許税を納付する他、現金納付の領収証書又は収入印紙（税額３万円以下の場合に限る）を管轄法務局に持って行くか、送付する方法で納めることができます。

● 登記の際にかかるその他の費用

　不動産の保存登記や移転登記は司法書士に依頼するのが通常ですが、その場合、司法書士報酬がかかってきます。司法書士や物件によって、報酬額は異なります。一般的な相場としては、所有権保存登記又は所有権移転登記と抵当権設定登記とのセットで、５万円前後かそれ以上のようです。その他に、司法書士の日当、交通費、立会費用などもかかってきます。合計額では、10万円前後か、それにプラスアルファ程度を見込んでおくとよいでしょう。

第3章
不動産取引のしくみ

不動産売買契約の性質について知っておこう

買主は原則として代金の支払義務を果たすことで不動産の引渡しを請求できる

● 不動産取引はどんな契約形態が多いのか

　不動産をめぐる取引においては、当事者は契約を締結することになります。契約に関しては民法に規定がありますが、不動産取引において主に使われる契約形態として、売買契約、賃貸借契約、請負契約が挙げられます。売買契約は、たとえば自分が所有している土地を他人に売りたいと考えている人（売主）が、その土地の購入を希望する人（買主）と売買契約を結び、その土地の所有権を売主から買主に移転する目的で締結される契約をいいます。これに対して、賃貸借契約では、たとえばマンションの一室を住宅として利用するために、マンションの所有者との間で、賃料を支払うことで、マンションの一室の利用を認めてもらう契約を結びます。そして、請負契約が結ばれる場合としては、たとえば自分が所有している土地の上に、新たに建物を建築しようとする人が、工事業者との間で建物の建築請負契約を結ぶ場合に利用される契約形態をいいます。

　いずれの契約形態においても、下記のような特徴があります。それは、契約の当事者が代金や不動産を与える義務を負っていて（有償契約）、そのお互いが負担している義務に何らかの対価的な意義が含まれている（双務契約）ということです。たとえば、売買契約においては、売主が不動産の引渡義務を、買主が代金の支払義務をそれぞれ負う有償契約です。さらに、双方の義務は対価的な意義がある、つまり「不動産の引渡しに対して代金を支払う」という関係が含まれるので、双務契約にもあてはまります。

● 公募取引と実測取引

　土地の売買契約においては、取引の種類が主に２種類あります。それが、公募取引と呼ばれる取引と実測取引という取引です。

　公簿取引とは、土地の不動産登記簿上に記載された土地の面積に基づいて、あらかじめ売買価格を決定して行う契約をいいます。もっとも、後にその土地を実測した結果、あらかじめ価格決定に用いた地積の数字と食い違うことがあります。この場合、本来であれば売買価格を後に増減して修正する必要があります。しかし、公募取引では、登記簿上に記載された面積と実際の面積が異なっていても、売買価格の増減はしない、という内容で契約を結んでいるという特徴があります。

　これに対して、実測取引とは、取引対象になっている土地を実測することによって、土地面積を確定し、あらかじめ定めた単価を地積に乗じて売買価格を決定した上で締結する契約をいいます。土地の売買価格を、平方メートル単価等により定めるため、公募取引とは異なり、後になって不動産価格が変動するおそれはありません。もっとも、官民査定を受けることにより実測を行い、確定測量図を作成することになりますので、相応の期間と費用が必要になるといえます。

● 契約に条件を付ける場合もある

　不動産売買契約の内容として、不動産業者が自ら売主となる時は、一定の条件を付ける場合があります。たとえば、土地の売買契約において、売主である不動産業者が指定する建築業者との間で、買主が建物の建築請負契約を結ぶことを条件に締結する契約などが考えられます。また、金融機関からの融資（住宅ローンなど）により買主が代金を支払うことが前提になっている場合、買主が融資の承認を得られなかったときは売買契約の効力を消滅させるという契約が結ばれることもあります。

意思表示に欠陥がある場合にはどうなる

意思表示に欠陥がある場合は、契約成立の効力は認められない

● 不動産売買の対象は所有権

　不動産売買の目的は、取引の対象となる不動産の所有権を取得することにあります。所有権とは、その物を自由に使用・収益・処分する権利をいいます。つまり、買主が取引の対象となる不動産に住み（使用）、その不動産を有料で貸し出し（収益）、あるいは売却（処分）するためには、売主から所有権を譲り受ける必要があるのです。

　この所有権は、民法上、「売ります」（売主）、「買います」（買主）という当事者の意思表示が合致したとき、つまり売買契約が成立した時期に、売主から買主へ移転するとされていますが、実務上は、代金の支払いと、引渡し及び所有権移転登記と同時に移転する旨の特約が付された売買契約書を取り交わすのが通常です。

　移転する所有権は、抵当権などの担保権や、差押えの登記などの負担のない完全所有権であるのが一般的です。また、近隣住民が所有するブロック塀や樹木の枝等が越境している場合も、完全な所有権とはいえませんので、事前に撤去してもらうか、それが困難な場合は、将来建て替えの際には越境を解消する旨が記載された覚書などの書面を交わし、買主に引き継ぐ必要があります。

● 意思表示に欠陥がある場合の取扱い

　売買契約は、売主の「売ります」という「申込み」の意思表示と、買主の「買います」という「承諾」の意思表示の合致により成立します。では、当事者の意思表示に欠陥がある場合、売買契約の効力はどうなるのでしょうか。

意思表示に欠陥がある場合として、ウソや冗談、勘違いなど表示に対応する真意が存在しない「意思の不存在」と、表示に対応する真意は存在するものの、真意を形成する過程で詐欺や強迫などの瑕疵（他人による不当な干渉）がある「瑕疵ある意思表示」という２つの類型に分かれ、さらに「意思の不存在」には、心裡留保、虚偽表示、錯誤が、「瑕疵ある意思表示」には詐欺による意思表示、強迫による意思表示に細分化されます。わが国の民法は、表示された内容よりも、表

■ **意思表示の欠陥**

心裡留保 （ウソ・冗談）	Aが3000万円の土地を売るつもりもないのに、Bに対し300万円で売るといったような場合	原則：有効 例外：BがAの真意（嘘や冗談）を知っていた、あるいは知ることができた場合は無効
虚偽表示（相手方と通じて嘘をつく）	Aが、債権者からの差し押さえを逃れようと、Bと通じて、A所有の不動産をBに売却したように偽装し、登記名義もBへ移転させた場合	原則：無効 例外：ＡＢ間の売買契約が有効であると信じてBから当該不動産を譲り受けたCなどの善意の第三者には無効を主張することはできない。
錯誤 （言い間違い）	Aという土地を買うつもりがBの土地を買うといった場合	原則：無効 例外：表意者に重大な過失がある場合は無効主張できない。
動機の錯誤 （勘違い）	近い将来、道路が開通して便利になると誤信し、山間部の土地を購入した場合	原則：有効 例外：そのような錯誤がなければ土地を購入しなかった場合で、かつ動機が明示または黙示に表示されていれば無効を主張できる。
詐欺	BがAを騙して時価よりも安く土地を売却させた場合	原則：取消しができる。 例外：善意の第三者（たとえば詐欺の事実を知らずにBから当該土地を購入したC）には取消しを主張できない。
強迫	BがAを脅して時価よりも安く土地を売却させた場合	取消しができる。

意者の真意を保護する「意思主義」（逆の場合を「表示主義」といいます）を採用していることから、真意が存在しない「意思の不存在」については原則として無効を、瑕疵ある意思表示については表意者に取消権を認めています。ただし、心裡留保については表示主義を採用し、原則有効として契約の成立を認めていることに注意してください。

なお、2017年成立の民法改正では、特に錯誤や詐欺に関して改正点が見られますので、注意しておく必要があります（221ページを参照）。

● 買付証明書や売渡承諾書の交付だけでは契約は成立しない

買付証明書とは、買受希望者から売主に対し交付される買受の意思が明記された書面のことで、他方、譲渡承諾書とは売主から買受希望者へ渡される売渡しの意思が表明された書面のことです。

買付証明書や売渡承諾書の交換の多くは、その後正式な売買契約書の取り交わしを約束するものであるため、単に交付されただけでは、申込み・承諾としての効力は認められず、いまだ売買契約は成立していないとされています。

● 売買契約が成立しても、所有権を取得できないことがある。

当事者の意思表示に欠陥がなく、有効に売買契約が成立しても、その後、不動産が二重に譲渡されると、所有権を取得できないことがあります。たとえば、売主Aが同じ不動産をBとCに売却した場合、BとCいずれが所有権を取得することになるのでしょうか。

この点、民法は、所有権の取得を第三者に主張するには、所有権移転登記を備えることを要求しています。つまり、BとCのうち、先に所有権移転登記を備えた者が、当該不動産の所有権を取得することになるのです。このように不動産取引において、登記は第三者に対し、自らの権利を主張するための対抗要件（93ページ）となっているのです。

3 不動産の売却手続きの流れをつかもう

代金支払と登記移転は同日中に行う

● どんな手順になっているのか

　不動産の売却は、多くの人にとって日常的に行うものではありません。しかし、不動産業者にとっては、それが自社の利益をもたらす事業のひとつとなるため、不動産の売却手続きについて十分に理解しておかなければなりません。

　不動産の売却に際しては、売主・買主ともに、信頼できる不動産業者を選ぶことが何よりも大切と言われています。不動産の売却を事業のひとつとするときは、顧客となる売主や買主から信頼される不動産業者になることが、事業を軌道に乗せる第一歩といえます。不動産業者が不動産の売却を仲介・代理する際は、最低限の知識として以下の事項を押さえておきましょう。

① **不動産価格の査定**

　たとえば、自宅の売却を検討している者が不動産業者を訪ねてきた場合、買主となるべき者を探す前に、不動産業者が必ず行うのが自宅の価格を査定することです。これを不動産価格の査定といいます。無料で査定を実施する不動産業者も存在します。

　不動産価格の査定は、(公財)不動産流通推進センター「価格査定マニュアル」(http://www.retpc.jp/chosa/satei-2)などに基づいて行います。査定方法については、戸建住宅は原価法、マンションや住宅地は取引事例比較法を用いるのが一般的です。原価法は不動産の再調達原価を基に算出し、取引事例比較法は類似不動産の取引事例を基に算出します(48ページ)。詳しい算出方法は「不動産鑑定評価基準」(国土交通省)に定められています。

そして、前述した査定方法で算出された価格を売却希望者に提示し（通常は売却価格提案書を作成します）、具体的な売却希望価格につき合意に至れば、不動産業者は売却希望者との間で媒介契約又は代理契約を締結し、広告などを行って買主を探します。

② **売買契約では代金支払と登記移転を同時に行う**

　無事に買主が見つかった場合、不動産業者は、必ず契約締結の前に、買主に重要事項説明を行います（121ページ）。重要事項説明に買主が納得したら、売買契約書を取り交わします。売買契約書には実印を押印し、双方の印鑑証明書を添付します。

　売買契約を締結した後は、どのような事情があっても、必ず所有権移転登記と売買代金支払を同日中に行います（同時履行）。先に所有権移転登記を行うと、代金未払いの場合にトラブルとなるからです。なお、ローン審査を契約締結後に行うため（128ページ）、この同時履行は契約締結の翌日以降に行うのが一般的です。

　売買代金の支払いは、後述するように売主の銀行口座への振込みにより行います。不渡りの懸念がある手形・小切手による支払いは避けます。ただし、不渡りの懸念がない銀行の支店長振出しの小切手（預金小切手）による支払いは許容してもよいでしょう。

③ **売買契約締結後の手続きの流れの把握**

　不動産を売却した場合の手続きの流れは、まず買主の銀行に対する融資の依頼に基づき、銀行から依頼された司法書士が、不動産の登記識別情報（権利証）、売主の印鑑証明書、実印、委任状などを見て、買主に所有権移転登記が確実にできるかを確認します。

　この確認がとれた段階で、銀行は買主に融資を実行し、買主から売主の銀行口座に売買代金（申込証拠金や手付金等を受領している場合はそれを除いた残りの金額）が振り込まれます。振込完了が確認されたら、できる限り同時に（短い時間で）司法書士が法務局に出向き、所有権移転登記の申請を行います。

不動産売買の登記申請について知っておこう

代金と書類のやりとりが重要

● 契約書を作成し、署名・押印する

　物件をよく調べ、問題がないとなれば、売主と売買契約を締結することになります。不動産は金額が高額であるため、不動産を購入する場合にローンを利用するケースが多くあります。ローンを組む場合、申込みから融資の実行まで早くても1週間程度、場合によっては数週間かかります。そこで契約の時点では買主は売買代金の一部として手付金を売主に支払います。

　買主がローンの審査に通り、融資が実行されることが決まると、いよいよ残代金を支払い、同時に売買による所有権移転登記の申請に必要な書類のやりとりなどが行われることになります。残代金の決済の場には、司法書士が立ち会います。これは次のような理由によります。

　不動産の売買代金は通常数千万円にのぼります。買主が売主に代金を渡したものの、買主名義の登記がなされなかったということになると、これは一大事です。買主がその不動産の所有権を確実に手に入れたといえるのは、買主名義の所有権の登記が完了したときだからです。そこで登記と同時に買主が売主に残代金を支払うという方式をとれればよいのですが、通常、登記は申請してから完了するまで早くて数日間、場合によっては1週間から十数日間かかることがありますので、これは不可能です。

　その代替策として、登記の専門家である司法書士が残代金決済の場で、登記に必要な売主と買主双方の書類をチェックし、問題がない場合には、これで確実に登記ができる旨を宣言し、その代わりに買主は売主に残代金を支払うという方式がとられているわけです。

なお、実際には、決済の場で金融機関から融資が実行されて、そのお金が売主に渡ることになります。

また、この場合には、売買される不動産を担保にする抵当権設定の登記もなされることになります。通常は、残代金の決済に立ち会った司法書士が抵当権設定の登記も行い、売買による所有権移転登記を1件目、抵当権設定登記を2件目とする連件申請をします。

● 目的物の引渡し

残代金の決済の場では、目的物の引渡しも行われます。とはいえ、決済は通常、対象不動産から離れた銀行の応接室で行われますので、現地に行って売主が買主に不動産を引き渡すことはなく、住宅の場合には鍵を渡すことが目的物の引渡しとなります。この他、決済の場では固定資産税の精算なども行われることがあります。

● 不動産売買の登記に必要な添付書類

売買を原因とする所有権移転登記の申請の際に、登記申請書に添付する書類として必要なものは、一般的には次のとおりです。

① 登記原因証明情報

登記原因証明情報として必要な事項が記載された不動産の売買契約書（及び領収書）、あるいは報告形式の登記原因証明情報などです。

■ 不動産購入の際の注意点

①不動産売買契約を結ぶ	・契約書の内容を確認する ・購入代金の支払方法を決める ・引渡時期と移転登記について確認する
②金融機関などに 　住宅ローンを申し込む	・融資条件を確認する ・書類をそろえて申し込む
③不動産の引渡と登記を 　受ける	・代金と引換えに不動産の引渡しを受ける ・所有権移転登記をする

② 住所証明書

登記権利者（買主）が実在することを証明するためのものであり、住民票の写しなどが該当します。住民票コードを申請書に記載することにより、添付を省略できます。

また、登記権利者が法人の場合は、発行から3か月以内の商業登記の謄本（全部事項証明書又は代表者事項証明書）を提出する必要があります。ただし、申請情報に会社法人等番号を記録又は記載することで、添付を省略することができます。

③ 登記識別情報または登記済証

たとえば管轄法務局がオンライン申請できる法務局になってからはじめて登記義務者がその不動産について申請をする場合などであれば登記済証を、それ以外の場合には登記識別情報を添付します。登記識別情報は封筒に入れて提出します。

④ 印鑑証明書

登記義務者の印鑑証明書です。登記義務者が個人の場合には市区町村役場で取得し、登記義務者が会社など法人の場合は、その法人の管轄法務局で代表者の印鑑証明書を取得します。発行から3か月以内のものでなければならないという制限があります。

■ 売買による所有権移転登記申請書の添付書面

登記原因証明情報（売買契約書など）	
売主（登記義務者）側	**買主（登記権利者）側**
登記識別情報または登記済証 印鑑（実印） 印鑑証明書（発行後3か月以内のもの） 固定資産評価証明書 （登記申請をする年度分） 委任状（自署の上、実印を押印）	住民票の写し 印鑑（認印でも可） 委任状 （自署・押印は認印でも可）

※ 法人であって会社法人等番号を提供できない場合は、資格証明情報として登記事項証明書（作成後1か月以内）を添付する必要がある。

⑤　固定資産評価証明書

　登録免許税の課税価格は、固定資産評価額となることから、これを証明するため、市区町村役場で発行される固定資産評価証明書（登記する年度分のもの）を添付します。登記する年度のものとは、たとえば平成29年4月1日から平成30年3月31日までに登記する場合は、平成29年度のものを、平成30年4月1日から平成31年3月31日の間であれば平成30年度のものが必要となります。

⑥　委任状

　司法書士などを代理人として申請する場合には、申請人が司法書士などに委任したことを証する委任状を添付しなければなりません。登記義務者の委任状には実印が押印されていなければなりません。

● 登記事項証明書で内容をチェックする

　通常、司法書士は残代金の決済日当日に登記の申請を行います。それから数日から十数日程度たって登記が完了し、買主が実際にそれを確認してはじめて不動産取引が完全に終了したということができるでしょう。登記が終わると司法書士から手渡しまたは郵送で、登記識別情報通知（登記識別情報が記載された書類）の他、登記事項証明書や原本還付された書類などを買主が受け取ることになります。登記識別情報については不通知を選択することもできます。不動産業者としては、買主に対して登記事項証明書を受け取った際に、自分名義の登記がなされていることを確認するよう説明しておくことが必要です。万一、誤った登記がなされていたり、住所や名前の文字が間違っていたときは、訂正手続きを司法書士に相談することも併せて説明します。

● 登記の目的や登記原因の記載の仕方

　売買の登記申請書記入上の注意点は以下の通りです。

・登記の目的

登記の目的は「所有権移転」です。

・登記原因

登記原因は「平成○年○月○日売買」と記載します。日付は売買契約が成立した日もしくは所有権移転時期に関する特約を付けた場合は、その特約の条件が成就した日を記載します。

・権利者・義務者

権利者（買主）および義務者（売主）が申請人となる場合には、氏名の後に押印が必要となり、義務者は実印で押印しなければなりません（権利者は認印でも可）。

・課税価格

課税価格は固定資産評価証明書に記載された価格から1000円未満の端数を切り捨てた金額を記載します。

・登録免許税

登録免許税は、原則、課税価格の1000分の20です（100円未満の端数は切捨て）が、平成31年3月31日（建物の場合は平成32年3月31日）までの申請については、土地の場合は課税価格の1000分の15、建物の場合（要件あり）は、1000分の3の軽減税率が適用されます。

■ 売買による所有権移転の登記

権　利　部（甲　区）（所有権に関する事項）			
順位番号	登　記　の　目　的	受付年月日・受付番号	権　利　者　そ　の　他　の　事　項
1	所有権保存	平成○○年○月○日 第○○○号	所有者　○○区○○町○丁目○番○ 　　　　○○○○
2	所有権移転	平成○○年○月○日 第○○○号	原因　平成○○年○月○日売買 所有者　○○区○○町○丁目○番○ 　　　　B
3	所有権移転	平成○○年○月○日 第○○○号	原因　平成○○年○月○日売買 所有者　○○区○○町○丁目○番○ 　　　　C

① 売買により、不動産の所有権がBに移転している（順位番号2番の登記）

② 売買により、不動産の所有権がCに移転している（順位番号3番の登記）

手付金や違約金について知っておこう

契約時に交わされる金銭には手付、申込証拠金、内金などがある

● 不動産の売買をめぐるお金

　不動産を売買する際は、買主が売主に対して申込証拠金・手付金・内金・中間金などの名目で金銭を支払うことがあります。また、契約成立後に違反行為（債務不履行）があった際に、違反者が相手方に支払う違約金又は損害賠償額の予定を取り決めることもあります。不動産業者は、自ら売主として不動産を売却するときに、買主からこれらの金銭を受領し、又は買主との間で違約金又は損害賠償金の予定を取り決めることがあります。

　申込証拠金は、買主が不動産を購入する旨の証拠として支払うもので（金額は通常5～10万円）、不動産の売買の「仮予約」のような役割を果たします。1週間程度の有効期限を定めて、その間に売買契約が締結されない場合、売主は「仮予約」をなかったことにして申込証拠金を買主に返還し、他の買主を探します。

　これに対し、手付金・内金・中間金（まとめて「手付金等」といいます）は、不動産の売買契約が成立した後に、売買代金の一部として、買主が売主に支払うものです。以下では、不動産業者が売主として受領する際に、法令上の厳格な規制が及ぶ手付金等について見ていきます。

● 手付（手付金）とは

　日常的な買物で手付金を支払う場面はほとんどありませんが、不動産の売買では代金が高額になるため、契約当事者の一方が簡単に解約をすることがないように、買主に手付（手付金）の支払いを求めるのが一般的です。

具体的には、買主が不動産の売買契約を解約する場合は、売主に交付した手付を放棄します。一方、売主が不動産の売買契約を解約する場合は、買主が交付した手付の2倍に相当する金額を買主に支払います。この場合、不動産の売買契約成立時に買主が支払う手付には、解約時のとりきめの意味合いがあるので「解約手付」と呼ばれています。

● 手付の種類

　手付には「証約手付」「解約手付」「違約手付」の3種類があります。証約手付は、売買契約が成立した際に支払う金銭で、この支払いによって「売買が成立した」という証拠になり、手付はすべて証約手付としての性質を有しています。

　解約手付は、債務不履行がなくても契約の解除を可能にする趣旨で支払われる金銭です。解約手付による解除は売主・買主双方から可能ですが、相手が債務の履行に着手する前に行う必要があります。つまり、相手が履行に着手した後は、解約手付による解除はできません。また、手付は原則として解約手付としての性質を持っていると解されています。

　違約手付は、債務不履行があった場合の損害賠償額の予定と解され

■ 手付のしくみ

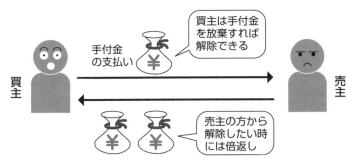

る金銭です。手付を支払った側が債務不履行をした場合、手付金を受領した側はこの手付を没収できます。逆に手付を受領した側に債務不履行があった場合、手付を支払った側は手付の返還に加えて、その手付と同額の損害賠償請求ができます。原則として、手付には解約手付と同時に違約手付の性質も持たせることが可能です。しかし、不動産業者（宅建業者）が受領する手付は、常に解約手付とみなされるため、違約手付の性質は有しません。

● 不動産業者に対する手付金等などの規制

不動産業者（宅建業者）が売主となる場合は、宅地建物取引業法（宅建業法）によって、手付金等の受領、違約金又は損害賠償額の予定につき厳しい規制が課せられています。なお、買主も不動産業者の場合は、以下の規制が適用されません。

まず、不動産業者は、代金の20％を超える手付金等を受領できません（宅建業法39条）。

次に、売却不動産が未完成（未造成）物件では「代金の5％超又は1,000万円超」、完成済（造成済）物件では「代金の10％超又は1,000万円超」の手付金等（手付金の他、中間金なども含まれる）を受領する際には、受領前に手付金等の保全措置を講じなければなりません（宅建業法41条・41条の2）。保全措置は、銀行や保険事業者が不動産業者と連帯して手付金等の返還を保証する旨を約束するものです。

また、不動産業者が買主との間で違約金の定め又は損害賠償額の予定をする際は、代金の20％以内としなければなりません（宅建業法38条）。20％を超えるときは20％とみなされます。

6 不動産取引を行うための必要書類について知っておこう

買主や借主への重要事項説明は慎重・確実に行う

● 重要事項説明書とは

　不動産会社が、売主あるいは仲介として不動産取引を進める場合、売買契約に先立ち、購入希望者に対し、対象となる物件に関する重要事項を説明しなければならないとされています。

　ここにいう重要事項には、大きく「対象となる物件に関する事項」と、「取引条件に関する事項」とに分けられ、それぞれの項目に対し、説明が義務付けられている事項が事細かく法定されています。この重要事項の内容を記載した書面を「重要事項説明書」といい、宅地建物取引士が記名押印した上で、買受希望者に対して交付し、「宅地建物取引証」を提示した上で、口頭で説明しなければならないとされています。重要事項説明に関しては、主に宅地建物取引業法（宅建業法）35条で詳細に定めているため、重要事項説明書は「35条書面」とも呼ばれています。買主になろうとする者は、重要事項説明を受けた上で納得できない部分などがあった場合には、契約の締結を断ることができます。これらの者が断った場合、不動産業者は、すでに受領していた申込証拠金などを全額返金しなければなりません。

　重要事項説明書の記載内容に遺漏や不備などがあれば、宅地建物取引業法違反として業務停止又は免許取消しの監督処分を受ける危険性があり、契約解除や損害賠償責任などに問われるケースもあるため、記載に際しては細心の注意を払うべきです。

　また、対象となる不動産が中古物件の場合、経年劣化により損傷が生じていることがあります。仮に対象物件に雨漏りやシロアリなどの瑕疵（欠陥）があり、売主がそのことを知っていたにもかかわらず買

第3章　不動産取引のしくみ

主に告げなかった場合は、「隠れた瑕疵」があるとして契約解除や損害賠償責任（瑕疵担保責任）を負うなど深刻なトラブルへと発展していくことにもなりかねません。

そこで、後の紛争を回避するためにも、特に不動産業者が売買を媒介（仲介）又は代理する際には、売主から物件の状況や水回りや冷暖房設備など建物内の各設備の状態について記載した告知書（物件状況確認書や付帯設備表）を提出してもらうようにしましょう。

告知書に書かれている瑕疵は「隠れた瑕疵」とはなりませんので、売主はその瑕疵について瑕疵担保責任を問われることもなく、取引の安全性が保たれることになります。告知書に書かれた事項は前述した重要事項説明書に反映させるようにしましょう。重要事項説明書や告知書は、買主が当該契約をするか否かを判断する材料となるものであることから、売買契約書よりも前に提示しなければなりません。

なお、実際に売買契約締結段階および所有権移転登記に際して、まず売主に必要な書類として、登記済権利証（権利証）または登記識別情報、印鑑証明証（発行から３か月以内のもの）、固定資産税評価証明書、建築確認済証・検査済証（一戸建ての売買の場合）、マンションの管理規約・マンションの維持費等の書類（マンションの売買の場合）が挙げられます。そして、買主が揃えるべき書類には、住民票（法人の場合は、会社登記簿謄本又は、資格証明書（会社法人等番号を提供すれば添付不要）、印鑑証明書（担保権を設定する場合、発行から３か月以内のもの）があります。さらに、売主・買主双方に必要な書類としては、本人確認書類としての運転免許証、パスポート、各種健康保険証、個人番号カード、外国人登録証明書（法人の場合には登記事項証明書や印鑑証明書）などがあります。

● **売買契約と重要事項説明書**

売買契約における重要事項説明書には、①対象物件に関する事項と

して、ⓐ不動産の登記記録に記録された事項、ⓑ都市計画法や建築基準法などの法令に基づく制限、ⓒ私道負担、ⓓ飲料水・電気・ガスに関する施設の整備状況、ⓔ不動産が造成宅地防災区域内・土砂災害計画区域内・津波災害警戒区域内にあるときはその旨、ⓕ不動産が指定緊急避難場所又は指定避難所であるときは届出義務に関する事項などを記載します。

②取引条件に関する事項としては、ⓖ代金以外に授受される金額（手付など）の有無、ⓗ契約の解除に関する事項、ⓘ違約金又は損害賠償額の予定に関する事項、ⓙ手付金等の保全措置の概要、ⓚ瑕疵担保責任の履行措置の概要などを記載します。なお、重要事項説明書のひな形については、国土交通省ウェブサイト（http://www.mlit.go.jp/）の「別途3・重要事項説明の様式例」などで公開しています。

■ 重要事項説明書に記載すべき事項

1. 対象となる宅地または建物に直接関係する事項
   登記記録に記載された事項／水・電気・ガスなどの供給施設と排水施設の整備状況／私道負担／各種法令の制限／耐震診断の内容など

2. 取引条件に関する事項
   代金以外に授受される金銭の有無／契約解除に関する事項／損害賠償額の予定または違約金に関する事項／瑕疵担保責任の履行に関する措置の概要など

3. その他（供託所等に関する事項）

4. 取引対象がマンションなどの区分所有建物の場合
   一棟の建物またはその敷地に関する権利及びこれらの管理・使用に関する事項

※管理に関する事項については管理会社が発行する「管理に係る重要事項調査報告書」をもとに作成します。

売買契約書のチェックポイントについて知っておこう

不動産業者の場合は契約書面（37条書面）の交付に注意する

● 不動産の売買契約と契約書面（37条書面）

　不動産業者（宅建業者）が重要事項説明書（35条書面）を買主に交付した後、契約締結のキャンセルがなければ、無事に不動産の売買契約が成立し、売買契約書が取り交わされます。売買契約書には次ページ図に掲げた項目が主に記載されます。

　不動産業者は、売買契約の媒介・代理をしているときは依頼者の代わりに売買契約書を作成し、売主のときは自ら売買契約書を作成するのが一般的です。そして、不動産業者（宅建業者）が売買契約の締結に関わるときに注意すべきなのが、宅地建物取引業法（宅建業法）37条の規定です。この規定は、不動産の売買契約が締結された場合、不動産業者が、①自ら当事者となるときは相手に、②代理のときは相手と依頼者（売主・買主）に、③媒介のときは両当事者（売主・買主）に、それぞれ宅建業法37条が定める事項を記載した書面を交付しなければならないとされています。この時に交付される書面を「契約書面」又は「37条書面」といいます。契約書面には宅地建物取引士の記名押印が義務付けられています。

　ただし、不動産業者が売買契約書を作成する際に、宅建業法37条が定める事項を記載する他、宅地建物取引士が記名押印をすることで、その売買契約書を契約書面とみなすことが可能で、この方法によるのが一般的です。不動産業者としては、契約書面としてみなされるように売買契約書を作成します。

　売買契約書を作成した後は、重要事項説明書（121ページ）の記載内容との矛盾の有無を慎重に確認しなければなりません。両書面の矛

盾を発見したときは、どちらが誤りであるか（双方とも誤りであるか）を確定させ、必ず訂正します。重要事項説明書に誤りがあるときは、再度訂正した重要事項説明書を作成し、買主に説明を行います。訂正せずに売買契約を締結すると、後から記載の誤りを発見した買主との間でトラブルとなる他、不動産業者が業務停止・免許取消しの監督処分を受ける場合もあります。

一方、重要事項説明書の場合とは違って、契約書面の説明は義務付けられていません。しかし、当事者に契約内容を十分に理解してもらうため、当事者が立会いの下で、署名押印の前に売買契約書の読み合わせを行うのが通常です。そして、契約内容を十分理解したことを確認した後に、署名押印をしてもらいます。

● 実印について

書類にハンコを押すことの一番大きな意味は、「書類の記載通りに本人が意思表示した」ことを証明できる点にあります。この効力が生

■ 売買契約書に記載される主な事項

- ・当事者（売主・買主）の氏名・住所
- ・売買の対象となる不動産に関する情報（面積・所在地・価格等）
- ・手付金や中間金についてのとりきめ
- ・物件の引渡し時期・所有権移転に関するとりきめ（売主の義務等）
- ・登記に関するとりきめ（登記する時期・登記費用の負担）
- ・地積と販売価格のとりきめ（実測・登記簿上のいずれによるものか）
- ・契約解除と違約金についてのとりきめ
- ・ローン利用時のとりきめ（ローンの審査に通らなかった場合の対応）
- ・不可抗力による物件の被害に関するとりきめ
- ・瑕疵担保責任に関する事項（物件に瑕疵があった場合のとりきめ）
- ・固定資産税・都市計画税などの租税公課の負担に関するとりきめ
- ・特約（反社会的勢力の排除など、特記事項がある場合に記載）

じるには、書類の印影（ハンコを押した跡）を本人が押印したことを必要とするため、「そのハンコが本人の持つ正式かつ唯一のものである」ことを公的に認めてもらう必要が生じます。

　ハンコが本人の持つ正式かつ唯一のものであると公的に証明するため、市区町村長に届け出て印鑑証明書の交付を受けられるように登録した印章を「実印」と呼んでいます。実印は1人1個に限られます。そして、実印以外のもの（公的に登録していないもの）を認印（三文判）と呼んで区別しています。不動産の売買契約書に押印する際には、必ず実印を用いるとともに、各当事者の交付するすべての売買契約書に印鑑証明書を添付するようにします。

● どのような規定を設けるのか

　前述したように、不動産業者が売買契約書を作成する際は、宅建業法37条を遵守する必要があります。以下のうち①〜⑤は契約書面の記載事項なので、売買契約書に必ず記載します。

① 　代金・支払期日・移転登記時期・引渡時期など

　代金は「価格査定マニュアル」（111ページ）などを参考に、売主と相談して決めます。土地の場合は、登記簿上の面積と実測の面積が異なる場合があるため、どちらを基準とするかについても決定します。

　支払期日・移転登記時期は、原則として特定の期日に代金支払と所有権移転登記を同時に履行するようにします（112ページ）。不動産の引渡しもこの同時履行と近い時期に行うようにします。

　なお、代金を分割払いとするときは、買主に一部の代金不払いがあったら、残りの支払期限が来なくても代金全額を直ちに支払うとする「期限の利益喪失約款」を設けるのが一般的です。

② 　契約解除

　契約解除は解除権の行使によってなされ、解除権には法定解除権と約定解除権とがあります。法定解除権は、法律上当然に認められる解

除権で、契約違反（債務不履行）があった場合や、目的不動産に隠れた瑕疵（欠陥）があった場合などに行使されます。

　一方、約定解除権は、売買契約に定めることで認められる解除権で、解約手付による解除権（119ページ）、後述する融資利用の特約による解除権などが典型例です。

③　損害賠償額の予定・違約金

　当事者の合意により、損害賠償額の予定（120ページ）を定めることや、違約金の定めを置くことができます。

④　瑕疵担保責任

　瑕疵担保責任とは、売買契約の目的物に隠れた瑕疵があった場合に、買主が、売主に損害賠償を求めることや、契約解除ができる（契約目的を達成できないときに限る）とする制度です。当事者の合意で瑕疵担保責任の適用を排除できるのが原則ですが、不動産業者（宅建業者）が売主となる場合は、瑕疵担保責任の適用を排除する特約を設けても効力を生じません（130ページ）。

⑤　租税公課などの負担

　売買契約によって生じる租税公課などの費用の負担をどのようにするかは、明確に定めておくべきです（41ページ）。不動産の所有権移転日の前日までは売主、移転日以降は買主が負担すると定めることが多いようです。

⑥　公正証書・裁判管轄

　当事者から売買契約書を公正証書にして欲しいとの要望があれば、これを検討します。公正証書とする場合は、公証役場に当事者全員が集まらなければならない点に注意が必要です。

　裁判管轄は、原則として相手の住所地を管轄する裁判所となりますが、相手が遠隔地の場合は不便であるため、特約で便利な管轄裁判所を定めることができます（これを合意管轄といいます）。

● 融資利用の特約(ローン条項)

　買主が不動産の購入に際し住宅ローンなどを利用する際は、売買契約書に融資利用の特約(ローン条項)を盛り込みます。これは売買契約の締結後に、主が銀行から融資の承認を受けられなかった場合に、一定の期限までならば、売買契約の解除(白紙撤回)ができるとする、買主保護を目的とした特約です。

　この特約に基づき解除がなされた場合、買主は手付の返還を請求できます。融資利用の特約がないと、買主は融資不承認となったときに代金を支払えず、契約違反(債務不履行)となり、手付の返還を請求できなくなりますので、特に買主を媒介又は代理する不動産業者は、この特約があることを確認します。

● 危険負担の取扱い

　危険負担とは、売買契約の成立後に、売主・買主の双方に責任のない事由で、不動産が損傷又は滅失した場合に、その損傷又は滅失による損害の負担をどちらが行うのかという問題です。

　民法の定めでは、不動産の売買契約については、不動産の引渡請求権を有する買主が損害を負担します(債権者主義、民法536条1項)。ここで「買主が損害を負担する」とは、売主が不動産の引渡義務を負わないのに対し、買主が代金支払義務を負うことを意味します。

　しかし、これは買主の負担があまりに重いので、不動産の売買契約では、不動産の引渡義務を負う売主が損害を負担する旨の条項(特約)を定めるのが一般的です(債務者主義)。このとき、双方の責任によらない不動産の損傷又は滅失により、①修繕が著しく困難となった場合は売主に、②契約目的を達成できない場合は買主に、それぞれ契約解除権を認める条項を設けることで、売主も一方的に損害の負担を負わないこととなり、当事者の公平が図られます。なお、2017年成立の民法改正で、危険負担は実質的な債務者主義に変更されています(235ページ)。

8 瑕疵担保責任について知っておこう

民法改正で瑕疵担保責任は廃止され、契約不適合責任に変わった

● 瑕疵とは

　瑕疵とは、簡単に言うと「キズ」「欠陥」「不具合」のことを指します。コンピュータのソフトウェア（アプリ）に「バグ」があるとよく言われますが、このバグも瑕疵のひとつです。これを法律的に定義すると「目的物が通常あるべき性質（品質）を欠いていること」が瑕疵である、ということになります。

　不動産の売買契約における瑕疵には、①目的物である住宅が欠陥建築であるなどの物理的瑕疵、②法令上の制限が原因で目的物である敷地に住宅を建築できないなどの法律的瑕疵、③目的物である住宅で自殺があったなどの心理的瑕疵に分類できます。最近では、④目的物である住宅の付近住民が大きな騒音を発するなどの環境的瑕疵も瑕疵に含めることがあります。

● 瑕疵担保責任について

　瑕疵担保責任とは、売買契約の目的物に隠れた瑕疵があるときに、売主が負うべき責任のことです（民法570条）。売主の責任としては、買主から損害賠償請求を受けたり、契約解除権を行使されます。ただし、契約解除権の行使は、隠れた瑕疵により買主が売買契約の目的を達成できないときに限られます。なお、2017年成立の民法改正で瑕疵担保責任が廃止され、代わりに「契約不適合責任」の導入が決定した点に注意する必要があります（226ページ）。

　このように、瑕疵担保責任は「隠れた瑕疵」があるときに成立しますが、隠れた瑕疵とは、買主が瑕疵の存在につき善意かつ無過失であ

ることを意味します。つまり、買主が瑕疵を知らず（善意）、かつその瑕疵を知ることができなかった（無過失）ことを意味します。よって、買主が知っている（悪意）瑕疵や、買主が知ることができた（有過失）瑕疵は、隠れた瑕疵にあたらず、これらの瑕疵について売主は瑕疵担保責任を負いません。

また、隠れた瑕疵は「売買契約の締結時」から存在していたもの（原始的瑕疵）に限られ、契約締結後に存在するに至った瑕疵（後発的瑕疵）については瑕疵担保責任を追及できません。たとえば、住宅がシロアリ被害に遭ったケースについて、シロアリが契約締結時から棲みついていたのであれば、原始的瑕疵なので瑕疵担保責任を追及できる余地があります。しかし、老朽化が進んでから棲みついたのであれば、後発的瑕疵なので瑕疵担保責任を追及できません。もっとも、原始的瑕疵か後発的瑕疵かは微妙なこともあり、その時はトラブルに発展することが多いようです。

● 中古住宅の売買における「現状有姿」の特約

中古住宅の売買契約では、特約のひとつとして「現状有姿による売買につき、売主は瑕疵担保責任を負わない」と定めるのが一般的です。これを現状有姿取引（現状有姿売買）といいます。

現状有姿取引というのは、現状で何ら手を入れず、外から見える姿のままで中古建物を売却することを意味します。つまり、売主が、表面に現われた瑕疵については瑕疵担保責任を負わないのに対し、隠れた瑕疵については瑕疵担保責任を負う、とするのが現状有姿取引となります。現状有姿の特約があっても、瑕疵担保責任を一切免れるわけではないことに注意が必要です。

● 瑕疵担保責任について不動産業者が注意すること

買主が瑕疵担保責任を追及できる期間（責任期間）は、瑕疵に気づ

いた時から1年以内、かつ不動産の引渡し時から10年以内が民法上の原則です（民法566条3項）。

この責任期間は特約で短縮ができるものの、不動産業者（宅建業者）が自ら売主となる場合は、引渡し時から2年以上の責任期間を定めるべきで、2年未満の特約は無効となります（宅建業法40条、無効となったときは民法上の原則に従います）。

ただし、住宅品質確保法（住宅の品質確保の促進等に関する法律）の適用を受ける新築住宅の責任期間は、その引渡し時から10年以内となり、特約による短縮はできません。

また、売主が瑕疵担保責任を一切負わない旨の特約をすることも原則は可能ですが、不動産業者などの事業者（宅建業者に限定されない）が自ら売主となる場合は、売主が瑕疵担保責任を一切負わない旨の特約をしても無効となります（消費者契約法8条）。

● 住宅瑕疵担保履行法とは

住宅品質確保法は新築住宅について10年の責任期間を定めています。

■ 各法律で定められている瑕疵担保責任の内容

法　　律	内　　容
民法	買主は「隠れた瑕疵」の事実を知ってから1年以内で、かつ引渡し時から10年以内に、契約の解除又は損害賠償の請求をすることができる。 売主は、瑕疵担保責任を負わない旨の特約を結んでも、知っていて告げなかった事実については、責任を免れることはできない。
宅地建物取引業法	売主が宅建業者の場合、瑕疵担保責任の期間について、引渡しの日から2年以上とするという内容の特約を除いて、民法の規定より不利な特約を結んではならない。
住宅の品質確保の促進等に関する法律（住宅品確法）	新築住宅の場合、売主は引渡しの日から10年間、住宅の基本構造部について瑕疵担保責任を負う。

しかし、平成17年の耐震偽装問題（構造計算書偽装問題）を契機に、売主が瑕疵担保責任を十分に果たすことができない場合、買主が極めて不安定な状態におかれることが明らかになりました。

そこで、新築住宅の売主（宅建業者）や建設請負業者（施行業者）に対して、瑕疵担保責任を履行するための資力確保措置を義務付ける「住宅瑕疵担保履行法」（特定住宅瑕疵担保責任の履行の確保等に関する法律）が平成21年に完全施行されました。

資力確保措置としては、住宅瑕疵担保責任保険法人の保険への加入、又は保証金の供託が義務付けられています。両者を併用することも可能です。前者の保険金の額（責任期間10年分を一括して支払います）は、供給戸数1戸は8万円程度、20戸は100万円程度が目安です（保険法人により金額は違います）。

後者の供託金の額は、過去10年以内の供給戸数に応じて決まっています。たとえば、供給戸数1戸は2,000万円、10戸は3,800万円、100戸は1億円です。なお、供託金の額の計算に際しては、前者の保険加入をしている戸数分は差し引かれ、床面積55㎡以下の新築住宅は2戸を1戸として計算します。

■ 住宅瑕疵担保履行法による補償

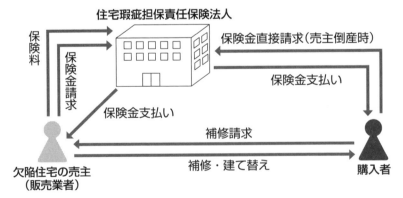

9 国土利用計画法の届出について知っておこう

土地を購入する際には国土法の届出制に気をつける

● 国土利用計画法とは

　国土利用計画法（国土法）は、総合的・計画的に国土の利用を図ることを目的として土地取引の規制に関する措置や土地利用を調整するための措置などが定められた法律です。

　国土利用計画法による規制は、主に以下の3つがあります。
① 法定面積以上の土地売買などを行った場合の「事後届出制」
② 注視区域や監視区域における「事前届出制」
③ 規制区域における「許可制」

　この中でも特に重要なのが「事後届出制」です。事後届出制は平成10年に創設されたもので、バブル崩壊を背景に国土政策が「地価抑制」から「土地の有効利用」へと転換し、規制緩和による土地取引の活性化を図ることが重要になったことに起因します。

　なお、規制区域における許可制は、都道府県知事が許可しなければ規制区域における土地取引はできませんが、実際に許可制が運用されたことはありません。

● 事後届出が必要なケース

　事後届出制は、国土法が定める一定面積以上（法定面積）の大規模な土地について、土地に関する所有権・賃借権・地上権の移転又は設定を目的とした対価の授受を伴う契約を締結した場合に、その土地がある市区町村に対して、契約締結日から起算して2週間以内に、利用目的や取引価格などを届け出なければならないとする制度です。

　法定面積は、①市街化区域で2,000㎡以上、②市街化区域を除く都

市計画区域内で5,000㎡以上、③都市計画区域外で10,000㎡以上と定められています。ただし、契約面積が法定面積未満であるときでも、対象となる「一団の土地」の面積を基準として届出が必要かどうか判断されます。たとえば、売主が複数にわたる場合や契約時期が同一でない場合でも、一連の計画に基づいた取引と考えられるときは、それらを合わせたものを「一団の土地」と考えて、法定面積以上であれば届出が必要になります。

● 事前届出が必要なケースはほとんどない

事前届出制は、都道府県知事が指定する注視区域内・監視区域内で、土地に関する所有権・賃借権・地上権の移転又は設定を目的とした対価の授受を伴う契約を締結する前に届け出るべきとする制度です。注視区域は地価が相当な程度を越えて上昇又は上昇するおそれがある区域、監視区域は地価が急激に上昇し又は上昇するおそれがある区域です。平成29年5月現在、事前届出制は監視区域に設定されている小笠原村(父島・母島)のみです。

■ **国土利用計画法の届出制**

事後届出制	以下の法定面積の土地取引について、契約締結後2週間以内に届出をする ○市街化区域内：2,000m²以上 ○市街化区域を除く都市計画区域内：5,000m²以上 ○都市計画区域外：10,000m²以上
事前届出制	注視区域内(法定面積に限る)又は監視区域内(都道府県知事が定める面積に限る)の土地取引について、契約締結前に届出をする

10 農地の売買について知っておこう

農業を守るために、農地の売買・転用には厳しい規制がある

● 農地の売買には許可または届出が必要

　農地とは、耕作の目的に供される土地のことをいい、農作物を耕作している土地はもちろんのこと、果樹園や茶畑も農地にあたります。日本の農業生産の基盤である農地を売買または転用（地目を農地以外に変更すること）する場合には厳しい規制があり、農地法の定める許可又は届出が必要になります。

　そして、ある土地が「農地」であるかどうかは、土地の事実状態（位置、環境、利用の経緯、現況など）に基づき、客観的に判断されます。これを「現況主義」といいます。そこで、土地が現に耕作の目的に供されている限り、登記簿の地目が農地以外（宅地など）でも、その土地は農地と判断されます。

● 農地の売買に必要な書式とは

　農地の売買に関わる主な契約書は以下の通りです。なお、以下で述べる「3条許可」や「5条許可」を受けないで農地の売買契約を締結しても、その売買契約の効力は生じません（所有権が買主に移転しないことになります）。

① 農地売買契約書（3条許可が必要になる場合）

　農地の売買後もその土地を農地として使用する場合、つまり「田」又は「畑」となっている地目を変更せずに権利を移転する場合の契約書です。農地を耕作目的で売買するためには、農地法3条に規定されている市区町村の農業委員会の許可（3条許可）を得ることが必要になります。なお、農地を農地として取得できるのは農家に限られています。

第3章　不動産取引のしくみ

② 農地売買契約書（5条許可が必要になる場合）

　農地を宅地や工場用地など農地以外に使用する（地目を農地以外に変更して権利を移転する）ために売買する場合に使用する契約書です。農地を転用目的で売買するためには、農地法5条に規定されている都道府県知事（又は指定市区町村長）の許可（5条許可）を得ることが必要です。5条許可を受けるためには、売買契約の当事者の双方が署名した申請書を、農業委員会を経由して都道府県知事に提出します。ただし、市街化区域内の農地である場合は、市区町村の農業委員会への事前届出で足ります。

● 自己使用目的での転用など

　自分の農地を自分が使用するために農地以外（宅地、駐車場、資材置き場など）に転用する場合には、農地法4条に規定されている都道府県知事（又は指定市区町村長）の許可（4条許可）を得ることが必要です。ただし、市街化区域内の農地である場合は、市区町村の農業委員会への事前届出で足ります。

　また、相続、法人の合併・分割、時効によって農地を取得した場合には、市区町村の農業委員会に対して農地法3条の3第1項に基づく届出が必要です。なお、これらを原因とする農地の取得は届出をしなくても効力を生じます。

● 農地転用などの許可基準

　農地法4条、5条の農地転用が許可されるためには、立地基準や、一般基準を満たす必要があります。立地基準とは、生産力の低い農地や市街地に近接した農地などの営農条件等から農地を区分し、その区分に応じて、許可の可否を判断する基準です。そして、一般基準とは、農地等の転用の確実性や周辺農地への被害の防除措置の妥当性などを審査する基準です。

■ 農地法３条の許可基準

全部効率利用要件	申請農地を含め、所有している農地、借用農地のすべてを効率的に利用して耕作の事業を行うこと
農地所有適格法人要件	法人の場合は農地所有適格法人（平成28年４月に農業生産法人から名称変更）の要件を満たすこと
農作業常時従事要件	申請者又は世帯員等が農作業に常時従事すること
下限面積要件	申請農地を含め、耕作する農地の合計面積が下限面積以上（原則50ａ以上であるが、地域によって異なる）であること
地域との調和要件	周辺の農地利用に影響を与えないこと

※農地所有適格法人要件には緩和措置があり、次の４つに該当する場合は一般法人でも農業に参入することができる。
　①農地の貸借（使用貸借または賃貸借）の許可申請であること。
　②農地を適正に利用していない場合の解除条件が契約に付されていること
　③地域農業者との適切な役割分担の下、継続的かつ安定的に農業経営を行うと見込まれること。
　④業務執行役員又は重要な使用人のうち１人以上が農業に常時従事すること。

■ 農地転用立地基準

農地区分	営農条件及び市街地化の状況	許可の方針
農用地区域内農地	市区町村が定める農業振興地域整備計画における農用地区域内の農地	原則として不許可 〈例外〉 　①土地収用法26条の告示に係る事業の用に供する場合 　②農用地利用計画で指定された用途（農業施設等） 　③仮設工作物の一時的な利用
甲種農地	市街化調整区域内の土地改良事業等の対象となった農地（８年以内）等、特に良好な営農条件を備えている農地	原則として不許可 〈例外〉 　上記①③の他、 　④農業用施設、農畜産物加工施設 　⑤公益性が高いと認められる事業の用に供する場合　等
第１種農地	10ha以上の規模の一団の農地、土地改良事業等の対象となった農地等良好な営農条件を備えている農地	原則として不許可 〈例外〉 　甲種農地とほぼ同様（一部、甲種農地では不許可でも許可される場合がある）
第２種農地	市街化が見込まれる農地又は山間地等の生産性の低い小集団の農地	周辺の土地で目的が達成できる場合は原則として不許可
第３種農地	市街地の区域又は市街地化の傾向が著しい区域にある農地	原則として許可

Column

不動産の売買とクーリング・オフ

　住宅購入の申込みをしたものの、買主が後で「冷静に考えたら早まったことをした」と思い直し、申込みの撤回を希望する場合があります。その場合に、書面による通知で申込みの撤回や売買契約の解除ができるのがクーリング・オフという制度です。売主が不動産業者（宅建業者）で、買主が申込みや契約を業者の事務所等以外の場所で行った場合に認められます。これに対し、個人が売主である場合や買主が業者の場合には、クーリング・オフは適用されません。また、クーリング・オフができる期間は、申込みの撤回や契約解除ができることと、その方法を書面で告げられた日から8日以内です。

　なお、①宅建業者の事務所又は宅地建物取引士がいる現地販売の営業所や案内所（仮設のものを除く）で申込みや契約をした場合、②買主の求めに応じて業者が買主の自宅に赴いて契約をした場合など、落ち着いて考えて契約することができた場合は、これらは「事務所等以外の場所」には該当しないため、クーリング・オフ制度は適用されないので注意が必要です。

　クーリング・オフは、法的には、撤回や解除を通知する方法は「書面によって」と定められているだけですが、証拠を残した上で、確実にクーリング・オフを行うためには、配達証明つきの内容証明郵便を利用するのが確実です。適法にクーリング・オフが行われると、宅建業者は申込みや契約の際に受け取っていた手付金などの一切の金銭を買主に返還すべき義務を負うことになります。

| ①売主が不動産業者で、買主が不動産業者以外である
②申込みや契約をした場所が業者の事務所等※1以外の場所である | | クーリング・オフの制度があることを書面で告げられた日から①8日※2以内に②書面で撤回や解除をすることができる |

※1)「仮設テント」は事務所等とは認められない
※2) 8日以内の消印でよい

第4章
賃貸借契約のしくみ

借地借家法について知っておこう

弱い立場にある借主を保護するための法律

● 借地借家法はどんなことを規定しているのか

　建物の所有を目的とする土地の賃貸借契約や、建物の賃貸借契約に関して、契約の一般法でもある民法に規定があります。この民法の特別法として借地借家法が規定されています。確かに民法にも賃貸借に関する規定は置かれていますが、民法の規定では、借主の保護が不十分です。賃貸借契約においては、一般に貸主の方が有利に契約条件を左右することができ、借主はある程度の部分で受忍しなければならない場合が少なくありません。しかし、借地契約や借家契約を締結する借主は、いわば自分の生活の基盤ともいえる家屋等の建物を借り受けることが主です。そのため、貸主が提示する条件すべてに従わなければ、借主がこのような生活の基盤を失いかねないという不安定な地位に置かれることは好ましくない状態ですので、特に借主を保護するための規定が設けられています。

　借地借家法が制定される前は、「借地法」と「借家法」「建物保護法」が借地・借家関係について規定していました。しかし、これらの法律を統合する借地借家法制定に伴い廃止されました。もっとも、借地借家法の施行期日（平成4年8月1日）より前に設定された借地・借家関係については、土地に関しては「借地法」が、そして借家に関しては「借家法」が適用されます。

● 借地契約に関する規定

　借地契約によって借主は土地を利用する権利（借地権）を得ますが、建物所有を目的とする借地権は生活の基盤である家屋等の建物を所有

する、重要な基礎となる権利です。そこで、まず借地権の存続期間が重要な意味を持ちます。民法では賃貸借契約の期間について、20年を超えることができないと規定していますが、借地借家法によれば、借地権の存続期間は最低でも30年です。また、契約期間が満了後に契約を更新することも可能で、更新後の存続期間は最初の更新の場合は20年以上、2回目以降の場合は10年以上となります。

なお、借地権の存続期間が満了しても、借地上に建物がある場合は、借地人が契約の更新を請求したとき、あるいは借地人が継続して土地を使用しているときは、前の契約と同一の条件で契約を更新したものとみなされます。貸主（地主）が更新を拒絶するには、正当の事由が認められなければなりません。

また、借地権の存在を借地契約関係のない第三者に主張するには、本来であれば借地権の登記が必要です。しかし、登記をするためには貸主である地主の協力が必要ですが、実際には得られ難いものです。そこで借地借家法は、借地上に建物を建てて借地人名義で「建物の登記」をしていれば、借地権を第三者にも主張できるようにしています。

● 借家契約に関する規定

借家契約に関しても、存続期間について、契約上の存続期間が満了しても、期間終了の6か月前までに貸主から、正当な事由をもって借主に更新拒絶の通知をしないと、従前の契約と同一条件で更新したものとみなされ、借主の生活の基盤が保護されています。もっとも、借地借家法では、更新のない建物賃貸借が認められており、これを定期借家契約（定期建物賃貸借契約）といいます。また、借家契約の存在を第三者に主張するには、本来であれば賃借権の登記が必要です。しかし、貸主は協力的ではないため、借地借家法によって、借主が建物の引渡しを受けて居住していれば、第三者への借家権の主張が認められています。

敷金や保証金の返還債務について知っておこう

民法改正で敷金の返還義務などが明文化された

● 敷金とは

　敷金とは、不動産（特に建物）の賃貸借契約において、家賃の滞納や部屋の破損などに関する支払いに充当するために貸主（家主）に預けておくお金のことで、滞納金や修理代などがあれば、その金額を差し引きます。

　賃料の滞納額等については、契約終了時に当然に敷金から相当額が控除されることになりますので、賃貸借契約を結んでいる期間中は、借主（借家人）の側から、貸主に敷金から差し引くように請求することはできません。

　敷金は、家主が被る家賃不払いや借家破損などの損害の担保となりますが、残金は借家人に返還しなければなりません。家主に全く損害がなければ、全額を返還します。敷金の返還時期については、契約期間が終了し、なおかつ、借家人が家主に借家を明け渡した後になります。建物を明渡すことを条件に敷金の返還を求めることはできません。明け渡した後でなければ、借家人の責任による破損の弁償代や滞納賃料の金額について正確に計算できないからです。

　なお、債権法に関する民法改正案が2017年5月に国会で成立し、判例等の考え方をとり入れて、敷金に関する明確な定義が盛り込まれて、不明確であった敷金の性質について、賃借人の債務を担保する目的で交付されることが明確になりました。そして、敷金の返還義務に関しては、賃料の未払い分や故意・過失による損傷の修繕費用などを差し引いた額を、「賃貸借が終了し、かつ、賃貸物の返還を受けたとき」に返還しなければならないという扱いに変更されました（229ページ）。

● 敷金と家賃の相殺

　敷金は、特に建物の賃貸借から発生する借家人の家賃その他の金銭債務の担保として家主に預けているわけですから、家主が借家人に賃料不払いなどの債務不履行があるときに、敷金と相殺（相対立する債権がある場合に、これをお互いに対当額の範囲で消滅させること）することはできますが、借家人の方から相殺を求めることはできません。

　借家人の求めがあれば滞納した家賃分を敷金から差し引かなければならないとなると、次に滞納した場合の担保がなくなりますし、部屋の破損を敷金から弁償してもらうこともできなくなり、家主としてかなり不安な事態になるからです。したがって、家主から敷金との相殺を申し出ることはできても、借家人から敷金との相殺を求めることはできないのです。

● 更新時の敷金の追加差入れ

　賃貸借契約書に敷金の増額について特約がある場合は、敷金の追加分が差し入れられることになります。

　たとえば、建物の賃貸借につき「敷金は更新時の新家賃の2か月分とする」または「敷金は更新時に増額する」などの条項がある場合です。このような敷金増額の条項が入っていれば、借家人は、家主の請

■ 敷金のしくみ

貸主（家主） ←――（入居時）敷　金―― 借主（借家人）

貸主（家主） ――（退去時）敷　金――→ 借主（借家人）

明渡しの完了時に修繕費などを差し引いた額を借主に返還する

求に従って増額分の支払義務を負うことになります。

契約書に敷金増額の特約がないのであれば、家主の敷金不足分の請求に正当な理由がなく、借家人は、法律的にはそれに応じる義務がありません。

● 敷引特約

敷金から控除できる費用の内訳は、賃貸物件各々の状況によっても変わります。また、借家人には原状回復義務（157ページ）があるため、借家人の居住によって生じた建物の汚損を修繕するために敷金から修繕費用が差し引かれることがありますが、どこまでを借家人に負担させてよいかをめぐってトラブルになることもよくあります。

そのため、「敷引き」といって、契約時に双方の同意により敷金から控除する額を決めておくことがあります。

敷金から引かれる金額が事前にわかっているので、契約の終了時や物件の明渡し時にトラブルが起こる心配がないのが利点です。特に、関西地方では敷引きが慣例化しているため、敷金の相場が高く設定されています。

● 敷金の差押と家主の破産

借主が税金を滞納していた場合、税務署は、その税金の支払いに充てるために、敷金を差し押さえて自由に使えなくしてしまう場合があります。また、まれなケースですが、家主が破産して賃貸建物が競売になった場合でも、その建物に設定されている抵当権の登記日より前に建物の引渡しを受けていれば、借家人は建物賃借権を第三者に対抗できるので、契約期間中は競落人に建物を引き渡さなくてよくなります。

● 権利金とは

家屋や店舗、土地など、不動産の賃貸借契約を交わす際によく聞か

れるのが「権利金」という言葉です。

　権利金は、土地や建物の賃借権を設定するための対価を指し、契約を解除して土地や建物を明け渡す場合でも、権利金の返還は認められません。建物を借りる場合の権利金（礼金ともいいます）は、賃料の1～2か月分位ですが、物件により異なります。

　借地契約の場合の権利金の金額は地主と借主との話し合いで決まりますが、契約内容によって更地価格の10～30％のこともあれば、50％を超えることもあります。

　賃貸借契約の際には、権利金の種類や返還の有無、返還される金額などを明確に書面に記載しておくことが大切です。たとえば「当該賃貸借契約が2年以内で終了した場合には権利金の60％を、5年以内で終了した場合にはその40％を貸主が借主に返還するものとする」などと具体的に期間と金額を明記しておけば不必要なトラブルを避けることができます。

　権利金をめぐるその他の主なトラブルには以下のもがあります。

① **居抜き物件の造作権利金**

　あらかじめ内装や厨房が整っている物件（居抜き物件）を借りる場合に、その造作や設備の対価として、前の借主に造作権利金という代金が支払われることがあります。

　しかし、この造作権利金は権利金という名前がついていても実質的には全く性質の違うものであり、前の借主に造作権利金を支払っても、貸主に権利金が支払われたことを意味するわけではありませんので、注意が必要です。

② **権利金の支払いと正当事由**

　貸主が契約の更新を拒絶するためには正当事由が必要です（160ページ）。しかし、土地賃貸借の権利金は賃料の1～2か月分程度の礼金と違い、かなりの金額であることが普通であり、いったん支払った時点で強い賃借権が発生すると扱われます。このため、権利金を支

払っている場合には地主に物件使用の必要性があっても、正当事由が認められにくくなります。

● 保証金とは

店舗などの賃貸借契約をする際には保証金という名目のお金が支払われることがあります。保証金は、敷金とほぼ同じ意味で使われることもありますが、建設協力金（ビルの建設などの際に必要となる費用の一部を借主から借り受けるもの）という名目で貸付金として支払われる場合もあります。

また、保証金には一定期間ごとに償却されていく（減っていく）ものも存在します。最初に賃貸借契約を交わす際に何年ごとに保証金の何％を償却していくかを定めておき、償却されて不足した保証金を契約更新時に借主が補充します。不動産業者としては、契約締結時に、保証金の性質、償却の有無、返還時期などを明確に定めておき、当事者に説明をしておくことで、後々トラブルを回避することができます。

また、保証金が建物協力金など貸付金として貸主に交付されている場合には、一定期限を定めて、物件の貸主が借主に対してお金を返還しなければなりません。

このように、保証金は権利金と違い、基本的には借主に返還されるものですが、敷金とは違い、必ずしも明渡しと同時に返還が行われるわけではないという特徴があります。

なお、不動産取引において、一棟のマンションや貸ビル等の建物の売買契約が結ばれる場合には、他の不動産取引とは異なり注意が必要です。というのも、マンションやビルの各個室等について、別途賃貸借契約が結ばれている場合には、貸主が負う敷金の返還や保証金の返還について、新たにマンションやビル等の所有者になった買主が貸主の地位を引き継ぐことになりますので、これらの返還義務を負うことになるのか否か問題になることがあります。そこで、不動産取引の場

で、あらかじめ返還金等の額を不動産取引価額から差し引いて、決済が行われる場合があります。もっとも、このような決済方法については地域ごとに慣行が存在しており、不動産取引の場で、返還金等の額を考慮して取引を行う方式は、一般に関東方式と呼ばれており、これに対して、不動産取引においては返還金等の額を考慮しない方式を、関西方式と呼んでいます。

● 礼金とは

礼金はアパートを賃貸する際に授受されることが多い金銭です。

礼金の大きな特徴は、借主の退去時に返還されないということです。礼金という名称が示す通り、賃貸したことのお礼として借主が貸主に払うものです。敷金や保証金、礼金という呼び名は、地域によって用語の意味合いが異なる可能性があります。不動産業者としては、賃貸借契約時にはこれらの言葉の意味を当事者間で確認してもらい、トラブルにならないようにしておく必要があります。

■ 契約の際に提供されるさまざまな名目の金銭

名 目	内 容
敷 金	通常、借家契約の際に借主が、家主に対して預けるお金のこと。家賃の滞納や損壊があると、差し引かれる。
権利金	借地権を設定するための対価または借家契約の対価として支払われる金銭。
保証金	契約を守ることを担保するために支払うお金。敷金とほぼ同じ意味で使われることもあるが、貸付金として後で返還されるものもある。
礼 金	借家契約の際に家主に支払う金銭の一種。敷金や保証金と異なり、契約期間が終了しても返還されない。

3 家賃保証について知っておこう

賃貸人は、万一の際に確実に保証債務を履行してもらえる

● 保証人の役割とは

　保証は、本来の債務（主たる債務）が返済されない場合に、保証人が代わって返済することを約束することです。

　賃借人の債務には、家賃支払義務、損害を与えた場合の賠償義務、契約終了時の明渡し義務があります。これらの義務が果たされない場合、保証人が家賃の支払いや賠償をしなければなりません。保証には普通の保証と、普通の保証よりも保証人の責任が重い連帯保証があります。普通の保証契約においては、保証人は賃借人が賃料の支払いや賠償が資金不足で行えない状態（債務不履行）に陥った場合に、はじめて賃借人に代わって債務を履行する義務を負うことになります。そのため、仮に賃借人よりも保証人の方が、資力が十分であることが明らかな場合であっても、賃借人に賃料の支払い等を請求することなく、いきなり保証人に支払い等を請求することはできません。また、賃借人が賃料の支払いや賠償を行わない場合でも、賃借人に資力があることを主張すれば、保証人は支払い等を免れることができます。借家契約の場合、保証契約は賃貸人（大家・管理会社）と保証人（家賃保証会社）の間で契約を結ぶので、管理会社（不動産業者）は賃貸人となるときに保証契約の当事者となります。

● 保証契約の締結

　当初の保証契約で更新後も継続して保証する旨の規定を明確に定めていれば、契約更新後も引き続き保証人としての義務を負います。一方、そのような規定を置かなかった場合、契約更新後は保証人の責任は存

続しないことになるでしょう。確かに、借家契約が原則として更新されることを考えると、保証人も契約が更新されることを前提として保証したはずですので、更新後の借家人の債務についても保証されるようにも思われます。実際、借家契約については、契約更新後も保証人の責任が継続することを認めた判例がありますが、後のトラブルを回避するため、契約書にはその旨を明記すべきといえます。なお、2017年成立の民法改正で、賃借人の債務を個人が保証する場合に「極度額」の設定が必要になった点に注意する必要があります（233ページ）。

賃貸に際して保証契約を締結する場合は、賃貸借契約（借家契約）時に保証人の立ち合いを求め、賃貸借契約と同時に行うのが最善です。保証人の立ち合いができない場合、保証契約書を事前に送付して署名捺印をもらうことになりますが、不正行為を防止するために、保証人についても印鑑証明書などを用意してもらうとよいでしょう。保証契約が賃貸借契約の締結後になることは、極力避けるべきです。保証人に断られたりすると、保証人不在になってしまいます。

家賃保証会社とは

賃貸借契約をする際に、不動産業者が賃貸人となるときは、賃借人

■ 家賃保証会社による保証のしくみ

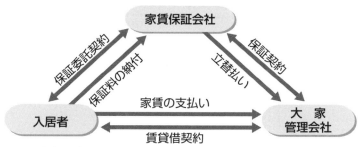

※ オーナー側（大家側）が家賃保証会社に支払う手数料などはなく、オーナー側の負担はないのが通常
（オーナー側が支払う手数料があるとしても振込手数料程度）

に連帯保証人を立ててもらうのが通常です。これは、賃借人が家賃を滞納した際に効率的に家賃を回収するためだと言われていますが、最近では「連帯保証人すら見つからない」「連帯保証人に資力があるのか不安だ」といったケースが増えてきました。そこで、ぜひ利用したいのが家賃保証会社です。家賃保証会社は、一定のコストを支払えば賃借人の家賃滞納などの問題を解決してもらえます。また、信用情報を管理しているため、賃借人や連帯保証人の経済面での審査をしてもらえますので、不良入居者を審査段階で排除することができます。しかし、家賃保証会社は賃借人の迷惑行為などの予防や解決には積極的に介入しないので、これらの予防や解決は賃貸人（不動産業者）が自ら行わなければなりません。

　家賃保証会社は経済的信用性が高く、万一の際に確実に保証債務を履行してもらうことになるので、ある程度しっかりした会社との間で保証契約を締結する必要があります。万一の際に保証会社が倒産してしまっては、賃貸人としては保証料がムダになるばかりか保証人が不在のままになってしまいます。過去には、大手の家賃保証会社が倒産したケースもありますので、慎重に決めなければなりません。

　また、家賃保証会社によっては「保証してもらえる滞納賃料は何か月分まで」「この部分は保証しない」など、保証内容や対象が違ってきます。家賃保証会社との間で保証契約を締結する際には、必ず各保証会社の保証条件を十分に確認するようにしましょう。

● トラブルに遭ったときの対応

　家賃保証に関してトラブル（立替払いの拒否など）が生じた場合、賃貸人（不動産業者）は、自ら解決できるかどうかを早期に判断し、できないと判断したら専門家に相談して事業リスクを減らすことが重要です。今後もトラブルが続けば、行政による規制も強化されることになるでしょう。

賃貸借契約書の記載事項をおさえる

明渡しの際にトラブルにならないように条項を定める

● 契約書に記載されている事項

　賃貸借契約書に書かなければならない事項、作成にあたって注意すべき事項としては、①使用目的、②契約の内容、③作成年月日、④署名押印、⑤目的物である物件の表示、があります。

　⑤については、契約の対象物が何であるかを明確にするという点で重要です。不動産の賃貸借では、物件の表示を記載して対象物件を特定します。この表示は、契約条項中に記載してもかまいません。ただ、物件の数が多いときには、別紙としてつづった物件目録に物件を表記し、契約条項本文では、それを引用するという方法がとられています。

　物件の特定は、不動産の場合、登記簿に記載された物件の表示を記載して行うべきですが、アパートや賃貸マンションなどの場合は、所在場所、物件名（○○荘など）、室番号の３点のみで特定する方法も行われています。

　なお、不動産業者（宅建業者）が代理又は媒介をして賃貸借契約を成立させた場合は、貸主と借主に対し、宅地建物取引業法37条が定める事項（当事者の氏名住所、物件の所在、賃料、敷金、引渡し時期など）を記載した、宅地建物取引士の記名押印がある契約書面（124ページ）を交付する義務があります。ただし、契約書面と賃貸借契約書は同一書面にしてよいので、不動産業者は、賃貸借契約の代理又は媒介の際、賃貸借契約書が契約書面にも該当するようにします。

● トラブル防止のためにこんな規定を置く

　将来争いが生じやすい事項については、紛争予防のために適切な規

定を設けておくことが大切です。法律に定めがある事項は、契約書への記載の有無にかかわらず同じ効果が生じるため、あえて契約書に記載する必要はあるのかと思えるかもしれません。しかし、契約書に記載することで、契約内容がより明確になり、トラブルの発生を未然に防ぐ効果が期待できます。

① **存続期間**

賃貸借の場合には、存続期間を明記します。存続期間を定めないときは、期間の定めのない賃貸借となるのが原則ですが、借地権に限り存続期間が自動的に30年となります。

② **契約解除**

契約解除は、解除権の行使によってなされます。法律上解除することが認められているケースとしては、借主の無断転貸（又貸し）や賃借権の無断譲渡が挙げられます。これらは貸主との信頼関係を裏切ることになるため、解除が認められています。

また、個別の賃貸借契約で解除事由を定めることができるので、実際には契約によって解除事由が定められることになります。

ただ、家や土地は生活の基盤であるため、家賃の不払いや使用方法違反といった事情があっても、そのレベルが信頼関係破壊のレベルに達していないと解除できないことになっています。

③ **保証人条項**

家賃の滞納だけでなく、借主の使用方法違反や不注意による事故などによる思わぬ損害が生じる場合があるため、連帯保証人を要求するのが通常です。ただ、最近では連帯保証人を立てることができない借主が増えているため、このような場合には家賃保証会社（149ページ）による保証を受けてもらうことも検討します。

④ **諸費用の負担**

賃料以外の共益費や管理費といった費用や修繕によって生じる費用の負担をどのようにするかは、明確に定めておくべきです。

⑤ 協議条項

　契約書の規定外の事項が発生した場合には、当事者間で協議する旨を入れておきます。

⑥ 特約

　賃貸借契約の特約に関しては、特に契約終了後の原状回復に関連して、貸主に有利となる特約を盛り込むことが多いようです。しかし、借地借家法や消費者契約法に反する特約は無効ですので、この点に十分留意して特約の内容を取り決めます。

● 賃貸借契約書に盛り込む特約の種類

　賃貸借契約書には特約を盛り込むことができますが、特に注意すべきなのは賃貸人に有利な条件の特約をする場合です。賃貸人に有利な特約（契約条項）としては、通常の損耗や経年劣化によりかかる費用を賃借人に負担させる特約、賃貸借契約を更新する際の更新料についての特約、賃貸人が負担する不動産の修繕義務を回避する特約、造作買取請求権を排除する特約、有益費償還請求権を排除する特約、賃料を増額するための特約などがあります。

　しかし、借地借家法によって借主に不利な特約は無効とされ、かつ、賃貸人が不動産業者で賃借人が一般消費者である場合は、消費者契約

■ 賃貸借契約書に記載される主な事項

- ・当事者の氏名・住所（管理業者の氏名・住所、借主の同居人の氏名も含む）
- ・賃貸不動産に関する事項（名称、所在地、面積、設備、付属施設など）
- ・契約期間（存続期間）や使用目的に関するとりきめ（更新についても含む）
- ・賃料・共益費・敷金の金額などのとりきめ（支払時期、増額・減額など）
- ・契約期間中の賃貸不動産の修繕に関するとりきめ（費用負担者など）
- ・契約の解除・解約・消滅に関するとりきめ（解除要件、解約申入れ時期など）
- ・特約（原状回復や反社会的勢力の排除など特記事項がある場合に記載）

法10条の適用によっても特約が無効とされるおそれがあります。消費者契約法10条とは、消費者の権利を制限したり消費者の義務を加重する条項を当事者間で取り決めた場合、その内容が消費者の利益を一方的に害するものであり、信義則（権利の行使や義務の履行は、信義に従い誠実に行わなければならないとする原則のこと）に反していると認められる場合には、その条項を無効とする規定です。したがって、賃貸人に有利な特約を定める場合には、借地借家法や消費者契約法の適用を受けないように、十分注意することが必要です。賃貸借契約書に盛り込むときに注意すべき主な特約は、以下の通りです。

① 通常損耗・経年劣化費用を賃借人に負担させる特約

不動産の通常損耗や経年劣化によりかかる費用は、通常は賃貸人側が負担する必要がありますが、これらの費用を賃借人の負担とする条項を設けることができます。この特約を定める場合、単に「通常損耗と経年劣化により生じる費用は賃借人の負担とする」と定めるのでは不十分です。どのような費用が賃借人の負担となるのかを明確にしなければなりません。通常損耗や経年劣化により生じる費用としては、破損していない畳の交換費用、フローリングの色落ち、フローリングのワックスがけ、家具による床やカーペットのへこみ、などが挙げられます。これらの中から、賃借人に負担してもらう費用を選択して定めることになります。

② 更新料についての特約

賃貸借契約の更新にあたって、通常は更新料の請求は認められませんが、賃借人が更新料を支払うとする条項を設けることができます。ただし、賃料に比べて更新料をあまりに高額に設定すると、特約が無効と判断される可能性があるので注意が必要です。

③ 修繕義務・必要費償還請求を回避する特約

通常、賃貸人は賃借人が建物を使用する上で必要な修繕をする義務を負います。また、修繕費用を賃借人が支出した場合には、賃借人が

支出した金額を償還する義務（必要費償還義務）も負います。必要費とは、建物を使用する上で必要不可欠な費用のことで、水道の給水栓が壊れた場合の修繕費用などがあてはまります。修繕義務を回避する旨の特約を設けると、賃借人が必要費を負担することになります。

④ 有益費償還請求・造作買取請求を排除する特約

賃借人が建物を改良したり、賃貸人の同意を得て建物に造作を取り付けた場合、賃貸借終了のときに、賃借人は賃貸人に対して有益費の償還請求や造作の買取請求をすることができます。しかし、特約を定めておけば、賃貸人はこうした賃借人からの請求を排除することが可能になります。

⑤ 敷引特約

敷引特約とは、退去する際に貸主が一定額を差し引いた敷金を借主に返還することを、賃貸借契約時にあらかじめ約束しておく特約です。差し引かれた金銭は、原状回復費用、空室損料、礼金等の意味合いを持ちます。最高裁においても平成23年3月24日に「敷引特約は不当に高額でない限り有効」という趣旨の判断が下されているため、敷引特約を定めること自体に問題はありません。

■ 問題となる敷引特約の例

> 第〇条 （敷引き特約）
> 　敷金の返還については、本件賃貸借契約終了後、明渡し時には敷金25万円から10万円を差し引いた15万円を返還する。

このように、実際にかかった費用にかかわらず一定金額を差し引く敷引特約は消費者契約法に違反すると判断されることがある

第4章 賃貸借契約のしくみ

ただし、あまりにも差し引かれる金額が大きいときには、無効と判断される可能性があるので注意が必要です。

⑥　反社会的勢力の排除

反社会的勢力（暴力団・総会屋など）の排除に関する特約を盛り込むケースが増えています。具体的には、貸主・借主の双方（法人である場合はその法人の役員）が反社会的勢力の構成員でないことを確約する条項などを盛り込むことが考えられます。

● 賃貸借契約と重要事項説明書

不動産業者（宅建業者）は、賃貸借契約の媒介又は代理をしている場合には、売買契約の場合（121ページ）と同じく、賃貸借契約の締結前に、重要事項説明書（35条書面）を作成して借主となる者に交付し、その内容を専任の宅地建物取引士に説明させなければなりません。当事者となる者は、重要事項説明書を見て賃貸借契約を締結するかどうかを判断します。

賃貸借契約における重要事項説明書に記載しなければならない事項の多くは、売買契約の場合と共通していますが、以下のように賃貸借契約に特有の記載事項もあるので注意が必要です。

①対象物件に関する事項としては、建物の賃貸借契約の場合に限り、賃貸建物の設備（台所・浴室・便所など）の整備の状況を記載することがポイントです。

②取引条件に関する事項としては、敷金・礼金・更新料などの賃料以外に授受される金額、契約終了時に清算すべき敷金などの金銭の精算に関する事項を記載することがポイントです。後者については、敷金などの返還時期、敷金などから差し引く金額などを記載します。

以上の他、売買契約・賃貸借契約ともに、重要事項説明書への記載事項は多岐にわたり、かつ、法令改正に基づき記載事項の追加が適宜行われるので、定期的に法令改正を確認しましょう。

5 原状回復義務について知っておこう

通常損耗の復旧義務は貸主が負う

● 原状回復義務とは

　建物の賃貸借契約（借家契約）では、原則として建物の修繕は家主（賃貸人）が行う必要があります。もちろんそれに必要な費用も家主が負担することになります。

　しかし、建物を退去する際、原状回復義務といって借主（賃借人）が修繕費用を負担させられるケースがよくあります。実際には、敷金からその修繕費用が差し引かれることになります。

　厳密な意味での原状回復義務とは、「借主は、退居する際に家具などの荷物やエアコンを取り除き、次の借主が入居できるようにしておかなければならない」というものであり、借主は建物を自分が入居する前と全く同じ状態にまで戻さなければならないという意味ではないのです。

　実際には家主は、「あなたが住む前と同じ状態に戻さなければならないから、敷金は返すことができない」と主張してくることがあるかもしれませんが、特約がなければ、借主はこれに応じる必要はないといえるでしょう。

● 原状回復義務を負う部分

　頻繁に起こる敷金返還のトラブルに対処するため、国土交通省は、建物の劣化の種類と修繕義務に関して「原状回復をめぐるトラブルとガイドライン（再改訂版）」というガイドラインを定めています。このガイドラインによれば借主が負担する部分も限られることになります。

　なお、東京都では「賃貸住宅紛争防止条例（東京ルール）」と呼ば

れる条例と「賃貸住宅トラブル防止ガイドライン」により、原状回復義務の費用負担に関する対応を定めています。なお、2017年の民法改正で、原状回復義務に関する詳細な定めが置かれましたが、東京ルールと大きく変わらないと考えてよいでしょう（231ページ）。

① 経年変化

経年変化とは、年数を経ることで発生する汚れや傷のことです。たとえば、畳や壁紙の日焼けや変色など、人が住んでいる・いないにかかわらず発生する建物の劣化が経年変化の対象です。これらは家主が修繕義務を負うことになります。

② 通常損耗

通常損耗とは、通常に建物を使用する範囲内で発生する建物の損傷や劣化を指します。たとえば、畳のすれ、壁紙の汚れ、柱や床の傷、畳の色落ちや擦り傷、戸や扉のきしみ、タバコのヤニによる黄ばみ、家具を置いた跡、壁のポスター跡、画鋲跡のような軽度の穴などが通常損耗と認められており、これらも家主の修繕負担と規定されています。ただし、たいていの場合、経年変化や通常損耗レベルの修繕費用は、前もって家賃に含まれているものです。

また、経年劣化や通常損耗をあわせたものを自然損耗と呼んでいますが、自然損耗の復旧費用に関しては、特約によって借主の負担とすることができる場合があります。しかし、借主が負担する自然損耗の範囲を賃貸借契約書に具体的に明示するなど判例（最高裁判決平成17年12月16日）に留意する必要があります。

③ 借主の故意や過失による損耗

借主が、通常の生活を営む範囲を超えた使い方をしたり、故意（わざと）または過失（不注意のこと）によって傷や汚れをつけた場合は、その修繕費用は借主の負担となります。借主の故意や過失による損耗には、子どもの落書き、ペットの作った傷や汚れ、タバコの火による床の損傷、引越しの際に作った傷など、通常では発生しない程度の劣

化がある場合があてはまります。

ただ、たとえ借主が故意や過失によって、自然損耗の範囲を超えた汚れや傷をつけたとしても、その汚れや傷は自然損耗の影響も受けていることが多いので、借主がその修繕にかかる費用の全額を当然に負担しなければならないわけではありません。たとえば、5年間入居した部屋の壁紙を全部張り替える必要があったとしても、借主が負担するのは、自然損耗以外の部分にかかる修繕費のみであり、5年の間に作られた自然損耗の修繕に必要な金額は、貸主が負担することになります。

● **敷金との差引精算**

建物の原状回復費用を誰がどのように負担するかという問題は、賃借人から預かった敷金からそれを差し引こうとするときに顕著に現れるといえます。敷金は契約終了から明渡しまでに生じた賃料相当額その他賃借人が負う一切の債務を担保するとの判例が確立していますので、原状回復費用も差し引くことは可能です。

しかし、賃借人が特約に不満を述べるようであれば、明渡し後の建物を見て、原状回復の負担の範囲を取り決めることも考えてよいでしょう。

■ **家屋の損耗の区別**

	内　容
経年劣化	畳や壁紙の日焼けなど、年数を経ることで発生する汚れや傷のこと。これらは家主が修繕義務を負担する。
通常損耗	通常に建物を使用する範囲内で発生する建物の損傷や劣化のこと、これらも家主が修繕義務を負担する。
借主の故意や過失による損耗	通常の使用方法を超えた使い方をした場合や故意や過失、注意義務違反などによって傷や汚れをつけた場合は、その修繕費用は借主の負担となる。

契約の更新について知っておこう

貸主が更新を拒絶するためには正当事由が必要

◉ 契約は更新が原則

　契約の更新とは、期間の定めのある契約において、期間の経過後も契約を継続させることをいいます。契約の更新には、合意更新と法定更新の2種類があります。

① **合意更新**

　当事者双方が話し合い、納得した上で契約を更新することをいいます。このとき、契約内容をそのまま維持するか、条件のいくつかを変更するかといったことについても話し合います。賃貸借を更新する旨の契約が締結されると、更新前の契約終了日の翌日から契約書で定めた期間延長されます。

② **法定更新**

　一方が契約更新を拒否したり、更新を前提に話し合っていても条件が折り合わないまま期間満了を迎えてしまうこともあります。ただ、そのまま契約終了という形になってしまうと、借主が大きな不利益を被ることがあるため、法律が「自動的に契約を更新した」とみなすことがあります。これを法定更新と呼んでいます。法定更新がなされた場合の契約期間は、借地借家法上の借地権では10年（最初の法定更新のみ20年）、その他の賃貸借では期間の定めがないものとなります。

　一方、借地権や借家権の貸主が契約更新を拒絶するには「正当事由」が必要です。正当事由とは、貸主側に賃貸借の対象になっている土地や建物の使用が必要な事情がある場合などを指します。正当事由があるかどうかを判断する際は、契約期間の長さ、借主による土地や建物の使用態様、土地や建物の明渡しの引換えに借主に支払う金銭

（立退料など）の有無などさまざまな事情を総合的に衡量します。

　また、正当事由があることは有効な解約申入れの要件ですので、解約申入れ時に正当事由が備わっている必要があります。もっとも、解約申入れ時に正当事由がある場合であっても、賃貸借契約期間満了後、賃借人が土地や建物を継続的に使用して、そのことについて賃貸人が異議を唱えないときには、それまでの契約と同一条件で契約を更新したものとみなされます。

　借地権も借家権も契約更新のプロセスは似ています。しかし、両者で異なる特徴として、借地権の場合は、借地上に建物が存在していないときは、法定更新がなされません。一方、借家（建物の賃貸借）の場合は、家主が期間満了の１年前から６か月前に更新拒絶（正当事由が必要）の通知をしないと、法定更新がなされます。

● 更新料とは

　賃貸住宅で契約更新をする場合、更新料という名目のお金を請求されることがあります。法律上の権利ではなく、賃借人には支払う義務はありません。

　ただ、関東圏や東海圏、京都などの地域では、この更新料が慣習化されていて、ほとんどの賃貸借契約書に、「契約更新の際は、更新料を支払う」と明記されています。契約書に明記されている場合は、合意更新の際、賃借人は、更新料を支払う義務があります。法定更新の場合は、賃借人が支払うべきか否かについては、判例の見解が分かれています。賃貸住宅の更新料は、「礼金」のようなもので、「更新していただいたことへのお礼」であり、いつの間にかそれが慣習となって定着しているお金です。最高裁は、更新料の法的性質については、「賃料の補充ないし前払、賃貸借契約を継続するための対価等の趣旨を含む複合的な性質を有する」と判断していますが、権利金と異なり、更新後中途で契約が終了しても、日割計算をして返還する必要はありません。

供託について知っておこう

供託すれば債務不履行を免れる

● 弁済供託とは

　金銭や物品などを供託所（法務局等）に預けることを、供託といいます。

　供託には①弁済のためにする供託（弁済供託）、②担保のためにする供託（担保保証供託）、③強制執行のためにする供託（執行供託）、④供託物の保管のためにする供託（保管供託）、⑤制度の濫用を防止するためにする供託（没取供託）の5種類があります。この中で、最も多く利用されているのは、弁済供託です。

　弁済供託とは、たとえば、地主が地代の受領を拒んでいる場合に、借主が地代相当分の金銭を供託所に預けるというような場合です。地主に受領を拒まれたからといって、借主が地代を支払わずにいると、債務不履行で借地契約を解除されたり、損害賠償を請求されるおそれがありますが、供託をすればこういった事態を回避することができます。

● 供託原因とは

　弁済供託は、希望すれば誰でも利用できるというものではありません。供託には、供託を行うための原因（供託原因）が必要です。

　法律上、弁済供託の原因として、以下の場合が規定されています。

① **債権者による弁済の受領の拒絶**

　たとえば、借主が従来通りの賃料を持って行ったところ、貸主が増額された賃料でなければ受け取らないと主張するような場合です。

　貸主が賃料の増額請求を行った場合に、借主との間で、増額した賃料について合意が成立せず、適正な賃料額をめぐり争いが生じること

は少なくありません。この場合、借地借家法によると増額を適正とする裁判が確定するまでは、従前の賃料を支払えば、借主は賃料支払義務を果たしたことになります。しかし、従前の額では納得しない貸主が、賃料の支払いを拒否するということが起こり得るわけです。

　受領拒否を理由として供託する場合は、供託の前にまず、弁済すべき金銭などを債権者に提供する必要があります。ただし、債権者が弁済の受領をしないことが明らかである場合には、弁済する金銭を債権者に提供しなくても供託をすることができます。

　受領しないことが明らかかどうかの判断はケース・バイ・ケースですが、たとえば、建物の賃貸借契約において、家主が、賃貸借契約そのものが終了したと主張して明渡請求訴訟を起こしているような場合は、賃料を受領しないことが明らかだといえるでしょう。

② **債権者が受領不能の場合**

　債権者の受領不能とは、債権者が不在の場合や行方不明の場合ですが、それ以外にも、相手方が未成年で、まだ法定代理人が定められていないような場合も該当します。

③ **誰が債権者かを確知できない時**

　債権者が確知できない場合とは、たとえば、債権者（貸主）が死亡

■ **供託の手続きの流れ**

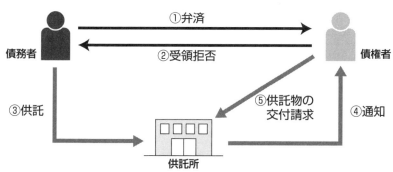

したが、誰が相続人かわからない場合や、債権（賃料）の譲渡において譲渡人と譲受人の双方が債権者であると主張し、現在の債権者が誰かわからない場合です。ただし、債権者が誰かを簡単に調べられるのに、これを怠っているなど、債権者を確知できないことについて債務者（借主）に過失があるとみられる場合には供託は認められません。

● 供託の申請をする

　弁済供託は、債務履行地の供託所で行います（具体的には、法務局・地方法務局等が供託所として供託事務を取り扱っています）。債務履行地に供託所がないときは、同じ都道府県内の最寄りの供託所に供託します。

　供託を申請する際には、供託書を供託所に提出する必要があります。供託書には供託金額や供託の原因となった事実などを記載します。

　なお、供託者が代理人の場合は委任状、会社などの法人である場合には、代表者の資格を証明する証明書（登記事項証明書）を添付（または提示）する必要があります。供託の申請がなされると、供託官が供託書の記載に基づいて適否を審査し、供託が適法であれば受理決定を行います。

● 債権者への通知

　供託が受理されれば、債権者にその旨を通知します。これ以降、債権者は、供託所に供託物の交付を請求できるようになります。債権者に目的物が交付されると、供託は本来の目的を達成して終了します。

　一方、供託原因が消滅したような場合、債務者は供託したものを供託所から取り戻すことができます。この場合も供託は終了することになります。

第 5 章
担保・競売・任意売却のしくみ

1 担保について知っておこう

第三者の財産や債務者の土地等が債権回収の担保に利用される

● 担保とは

　銀行などの金融機関が多額の融資をする場合は、相手方から確実に代金を回収できるようにするため、融資に際して、不動産等の何らかの担保をとるのが取引社会の常識です。仮に、相手方が倒産などした場合には、「一般債権者」(担保をとっていない債権者のこと)よりも、抵当権などをもつ担保権者が優先して債権を回収できるからです。このように契約の相手方が倒産するなどして、返済が困難になった場合のリスクを回避する手段として、担保制度が活用されます。

　貸金などを担保するための制度として、「保証」があります。たとえば、ある人が銀行から融資を受ける際に、その人の友人が保証人(または連帯保証人)になる場合が挙げられます。本人が返済できない場合に、保証人が代わりに返済することになります。

　保証は、保証人という「人」の財産を担保とする制度であることから、人的担保と呼ばれています。

　これに対して、債務者本人または第三者のもつ特定の財産を担保とする制度があります。代表的なのは、土地や建物を担保とする抵当権や根抵当権です。これらは、債務者または第三者の「特定の財産」つまり物を担保とすることから、物的担保と呼ばれます。物的担保のうち抵当権や根抵当権は、担保に提供した土地や建物をその所有者(設定者)が使用収益し続けることができるという特徴があります。物的担保は、留置権など法律上当然に発生する「法定担保物権」と抵当権や質権など当事者間の合意(契約)によって担保権が発生する「約定担保物権」に分けられます。さらに、法律に規定のない「非典型担保

物権」と呼ばれるものもあります。

● 人的担保・物的担保の長所と短所

　人的担保は、物的担保と比べると簡単に設定できるため、債権者としては、主たる債務者の資力に不安がある場合は保証人を複数人立てさせることにより、債権回収を確実にすることができます。もっとも、保証人に資力があるかどうかによって確実に債権を回収できるかどうかが決まることから、物的担保と比べて担保としては不確実であるというデメリットがあります。

　物的担保の長所は、他の債権者に優先して債権の回収を実現できるという点にあります。ただ、物的担保はこれを主張するためには原則としてその存在を登記などで世間一般に公示する必要があります。また、強制執行（国家が債権者の権利を強制的に実現する手続）の場面においても、差押え・競売などの法的な手続きが要求されます。

　このように、物的担保は強い効力がある反面、煩雑な手続きが要求されており、これが短所だといえます。

■ 物的担保と人的担保

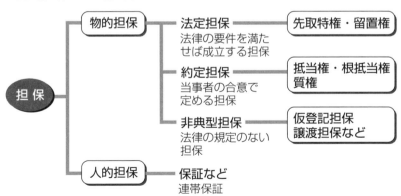

第5章　担保・競売・任意売却のしくみ

② 公正証書について知っておこう

金銭消費貸借や賃貸借契約でよく活用される

● 公正証書には強い証拠力がある

　公正証書とは、公証人という資格者が、当事者の申立てに基づいて作成する公文書で、一般の文書よりも高い証明力が認められています。公証人は、裁判官・検察官・弁護士などの法律実務経験者や一定の資格者の中から、法務大臣によって任命されます。

　公正証書には、強い証拠力があり、記載された日付には、その日に作られたという公証力（確定日付）が認められます。

　公正証書を作成するメリットは以下の点にあります。

① **有力な証拠になる**

　公正証書は訴訟において説得力のある有力な証拠になります。原本が公証役場に保管されることになるので、債権者がうっかり公正証書を紛失した場合にも、証拠を失うことにはなりません。

② **強制執行が可能になる**

　公正証書が利用される最大の理由は、公正証書に与えられる執行力です。不動産トラブルなどの法的な紛争では、さまざまな手を尽くしても効を奏さないときには、最終的に訴訟となり、判決を受け、これに基づいて債務者の財産に対して強制執行を行いますが、強制執行を行うためには、その根拠となるものが必要です。それを債務名義と呼びます。

　債務名義には、判決書の他に、調停調書や和解調書などがありますが、公正証書も一定の要件を備えれば、債務名義となりうるのです。ですから、公正証書に基づいて強制執行を行うことが可能になります。

　ただし、どんな契約書でも公正証書にすれば債務名義となり得るわ

けではありません。これには以下のような2つの条件が必要です。

1つは、請求内容が、一定額の金銭の支払いであるか、有価証券の一定の数量の給付を目的とする場合です。

もう1つは、債務者が「債務を履行しない場合には強制執行を受けても文句は言わない」旨の記載がなされていることです。この記載を執行受諾文言あるいは執行認諾約款といいます。

● どのくらい費用がかかるのか

気になるのが公正証書作成のための費用ですが、公証人の手数料ということで、公正証書完成時に現金で支払います。この金額は、公証人手数料令によって一律に規定されています。基本的には、依頼した契約が目的とする金額、たとえば、売買契約であれば代金、金銭消費貸借契約であれば借金の額が、手数料算出時の基礎となります。目的の価額が100万円までであれば5000円となっています。

● 公正証書の作成手続

公正証書を作成するには、公証役場へ行きます。わからない場合には、日本公証人連合会（03-3502-8050）に電話をすれば教えてもらえます。契約を締結する当事者が一緒に公証役場へ出向いて、公証人に公正証書を作成することをお願いします（これを嘱託といいます）。事前の相談や連絡は、当事者の一方だけでもできますが、契約書を公正証書にする場合には、契約当事者双方が出向く必要があります。

ただし、本人ではなく代理人に行ってもらうことは可能です。

会社などの法人の場合、持っていく必要があるのは、代表資格を証明する商業登記事項証明書、届出代表者印、印鑑証明書（発行日から3か月以内のもの）です。

個人の場合は、印鑑証明書、実印などが必要になります。当事者本人がこれらを持参して公証人役場に出頭し、公証人に公正証書の作成

を依頼します。

また、代理人に行ってもらうためには、本人が発行した委任状と本人の印鑑証明書、さらに代理人の実印と印鑑証明書が必要です。

● 公正証書に記載されている事項

作成された公正証書の正本に記載される内容は、公証人法によって定められており、具体的には、①全文、②正本であることの記載、③交付請求者の氏名、④作成年月日・場所が記載されます。このうち、契約の内容などが記載されているのは、①の全文です。

公正証書の正本に記載されている全文は、さらに2つのパートから成り立っています。1つ目のパートに具体的な内容（これを本旨といいます）が記載されています。具体的な内容とは、公証人が嘱託人や嘱託人の代理人から聞き取ってそれを録取した契約、事実関係に関する部分のことです。この本旨は、嘱託人が公正証書に記載してもらいたい事項として伝えた内容を実際に公証人が聞き取って記載したものです。たとえば、不動産の売買であればその売買契約の内容です。もう1つのパートには、公正証書に記載された内容そのものについてではなく、公正証書を作成する際の形式についての記載です。この記載は本旨外記載事項といい、公正証書独特の記載内容となっています。本旨外記載事項については、公証人法により記載すべき事項が決まっています。

● 公正証書にしないといけない場合

土地や建物についての契約は、常に公正証書で行わなければならないわけではないのですが、売買契約でも賃貸借契約でも公正証書を利用することで、後々のトラブルを避けることができます。特に売買契約や賃貸借契約の相手の信用に不安がある際は、相手が債務を履行しない場合に、裁判を経ることなく直ちに強制執行ができるとする執行

認諾約款をつけるようにします。ただし、執行認諾約款は金銭の支払い（売買代金の支払い、賃料の支払い）の債務について付けることはできるのに対し、不動産の引渡しの債務については執行認諾約款を付けることができません。

　一方、必ず公正証書を用いて契約しなければならないことが明文で要求されているものとして「事業用定期借地権」があります。事業用定期借地権は、要件の判断が困難な場合もあるので、法律の専門家である公証人に審査してもらうことによって、脱法行為が行われないようにするためです。他には、マンション（区分所有建物）の管理規約については、原則として、管理組合の総会決議で決定しなければなりませんが、マンションの分譲前であれば、規約敷地や規約共有部分といった項目について分譲業者が単独で管理規約を定めることができ、分譲業者が管理規約を事前に定める場合は、公正証書で作成しなければならないことが明文で要求されています。不動産業者がこれらの書面の作成に関わる場合は、公正証書とすべきことに注意が必要です。公正証書の作成を嘱託する際には、基本的には、公正証書の作成手続

■ 公正証書の作成方法

申請前に公正証書の作成について当事者の合意が必要

申請書類を再チェック
・公正証書にしたい文面
・法人の場合には代表者の資格証明書や商業登記事項証明書
・印鑑証明書

最寄りの公証役場へ行く

公証人が文書を作成

（169ページ）で説明したことがあてはまります。つまり、本人であることを証明するための書類や、法人の場合の商業登記事項証明書、代理人に依頼した場合の委任状・印鑑証明書など、公正証書作成の嘱託一般に要求される書類が必要です。取引の目的となる土地や建物を正確に表示する必要があるので、法務局（登記所）に行き、目的となる土地や建物についての不動産登記事項証明書を用意しておくとよいでしょう。

また、土地の一部だけを賃貸借する場合には、その部分を正確に示す図面を作成しておく必要があります。

なお、公正証書の保存期間は原則20年ですので、事業用定期借地権を設定した場合には、あわせて登記をした方がより安心でしょう。

● その他の契約

定期借家権や一般定期借地権を設定する場合、特約などを取り決めた契約を文書で作成することが要求されていますが、必ずしも公正証書で作成しなくてもかまいません。

ただ、一般定期借地権を設定する場合、契約書の中に契約の更新がないことや建物買取請求がないといった事項を特約で定めないと定期借地契約として認められないので、公正証書を利用した方が契約内容を慎重に審査してもらえるといえます。また、通常の書面だと後に契約書が紛失した場合にトラブルの元になります。実務上、一般定期借地権は契約期間が長く（50年以上）、期間満了時には貸主・借主とも死亡していて、契約当時の状況がわからないことがあるので公正証書で契約書を作成するのがよいでしょう。

なお、公正証書の保存期間は原則20年間ですが、一般定期借地権のように契約期間が20年を超える文書については、その契約期間内は保存される取扱いとなっています。

3 サービサーについて知っておこう

売掛金の回収を依頼することはできない

● 業務形態と利用法

　サービサー（債権回収会社）とは、債権者に代わって債権回収を行う専門業者のことです。不良債権処理を促進することを目的に平成10年に「債権管理回収業に関する特別措置法」（サービサー法）が制定され、それまで弁護士にしか許されなかった債権管理および回収業務をサービサーが行ってよいことになりました。サービサーになるには、法務大臣の許可が必要です。

　サービサーが扱うことができる債権にも規制があります。金融機関や貸金業者が持っている貸付債権などの特定金銭債権（サービサー法２条１項に規定されている債権のこと）だけです。それ以外の債権、たとえば、不動産業者が買主に対して持っている売掛金の回収などを頼むことはできません。サービサーは特定金銭債権以外の債権を取り扱えるように承認を受けることもできますが、承認を受けても、支払案内の送付といった債権の管理・回収にあたらない範囲でしか業務は認められていません。

　サービサーの業務形態は、２種類あります。「委託型」と「譲渡型」です。「委託型」は、債権者（金融機関や貸金業者）から委託を受けて、回収を代行する形態です。債権者は、依頼したサービサーに代行手数料を支払うことになります。一般的には回収できた金額の30～55％程度のようです。回収できた金額をもとに手数料を支払うので、成功報酬型の手数料体系といえます。

　譲渡型は、債権そのものをサービサーに売ってしまう形態です。サービサーに債権を譲渡した時点で、その債権は債権者のバランス

シートから外せるというメリットがあります。しかし、サービサーがいくらで買い取ってくれるかということになると、かなり厳しい金額になることが少なくありません。「どのくらいの金額で買い取ってくれるか」という見積もりをお願いしても、応じてくれるサービサーは少ないのが実情です。サービサーは買い取った債権を回収し、買取額と回収額の差を利益としているからです。

一般的には、担保つきの債権などの回収確率の高い債権は高く、回収確率の低い債権は安くなります。回収確率が非常に低い不良債権の場合は、額面の2～3％、ケースによっては1％未満でしか買い取ってもらえないこともあります。

● 不動産業者とサービサーとの接点

サービサーと不動産業者は任意売却の場面で相対立する場合があります。たとえば、売主から任意売却（185ページ）の媒介又は代理の依頼を受けたときに、銀行が売主の住宅ローンをサービサーに譲渡していた場合、不動産業者はサービサー（債権者・抵当権者）と交渉して売却価格に納得してもらわなければなりません。

■ サービサーの取り扱う特定金銭債権

特定金銭債権の例	特定金銭債権にあたらない債権の例
・金融機関などがもつ貸付債権やもっていた貸付債権 ・金融機関などの貸付債権の担保権の目的となっている金銭債権 ・リース契約に基づいて生じる金銭債権 ・クレジット契約に基づいて生じる金銭債権 ・法的倒産手続中の者がもつ金銭債権	・取引関係にある会社がもつ通常の売掛金債権 ・賃料債権 ・請負代金債権 ・ネット通販などによって生じた債権

サービサーが関与することができる債権は特定金銭債権に限られる

さまざまな売却方法がある

売主のニーズに応じた売却方法を選択する

● 現在では競売や公売以外にさまざな取引がある

　不動産は株式や為替などと異なり、個性が強く、同じ物件が二つと存在しないことや、適正価格を定めるのに時間がかかりすぎることなどから、一般に市場取引には向かないと言われています。そのため、従来、不動産取引においては、相対取引（あいたいとりひき）と呼ばれる市場を介さない取引が主流を占めていました。

　しかし、近年では、売主の代理人として売却に特化したサービス（売却専門エージェントサービス）を提供する不動産業者が台頭し、また、競争入札を用いた「不動産オークション取引」など新種の取引形態も出現して、不動産取引のバリエーションも増えつつあります。

　不動産取引において売主の関心は大きく、「いつ売れるのか」（時期）「どれぐらいで売れるか」（価格）という2点に集約されるといえます。たとえば、転勤などで引っ越しの必要がある場合や、離婚に伴う財産分与、相続税や借金などの支払（納税）資金とする場合、売主である顧客は一日でも早く不動産を売却し、現金に換える必要に迫られています。このような売主は価格よりも売却時期を重視しているといえます。他方、時間的制約を受けない売主は、時間がかかっても、より高く不動産を売却したいと考えるものです。そのため、売主のニーズに応じた形で売却方法を選択し、提案することが、円滑に不動産取引を進める上で重要になってきます。

　主な売却方法としては以下のものがあります。このうち、時期を重視する方法としては「相対取引」と「不動産業者による買取」が、価格を重視するものとしては「売却専門エージェントサービス」や「不

動産オークション取引」が考えられます。

・競売や公売

借金や税の滞納により、差し押さえられた債務者の所有不動産を競争入札により売却する制度です。両者の違いは、競売が、借金の滞納により債権者の申立てによって、裁判所が執行機関となって行うのに対し、公売では税金を滞納された国税局や地方自治体が自ら執行機関となって行う点にあります。

・任意売却

借金や住宅ローンなどの返済が困難となった場合に、債権者の許可を得て、債務者所有の不動産を第三者へ売却することをいいます。

・相対取引

市場を介さずに、当事者同士で売買を行うことで、売却価格などの取引条件は双方の合意によって決められます。

・売却専門エージェントサービス

買主側の担当を兼務せず、売主側の専属代理人として、売主の利益の最大化を図るための売却サポートを行う方法です。

・不動産オークション取引

インターネットや入札書を用いて、買受希望者を募り、互いに競わせて最も高い価格で落札した者へ売却する方法です。

・不動産業者による買取

不動産業者自らが買主となって購入する方法で、早期に確実に売却できるというメリットがある反面、買取価格が他の方法に比べて低い（仲介による売却価格の6～8割程度）というデメリットがあります。

● 相対取引とは

相対取引とは、売主と買主（買受希望者）が1対1で売却価格などの取引条件を交渉・決定し、売買を行う方法のことで、不動産業者の仲介を通さない「個人間売買」と、不動産業者が、売主と買主（買受

希望者）の双方を仲介（媒介）して進める方法があります。ただ、個人間売買はトラブル発生の危険性が多く、親族間売買を除いてあまり一般的ではないことから、ここでは不動産業者が仲介する相対取引を念頭に置いて説明します。

相対取引では、「売主一人に対し買受希望者は一人」という構図をとるため、買受の意思表示を示した者が先着順で売主との交渉権を獲得します。そのため、最初に現れた買受希望者が、売主の売却希望額に近い価格を提示すれば、早期に売却できる可能性があります。しかし、先着順に交渉権が与えられてしまうため、仮に売却希望額よりも高い価格で買いたいと思っている者がいたとしても、先に売却希望額で買受の意思表示をした者がいれば、そこで取引が成立してしまい、それ以上売却価格を引き上げることは難しくなります。つまり、相対取引では、早期に売却できるというメリットがある一方で、複数の買受希望者と同時に交渉できないため競争原理が働かず、高値で売却できる可能性は低いというデメリットがあるといえます。

■ 相対取引と不動産オークション比較

	相対取引	不動産オークション
売主と買受希望者との関係	売主一人に対し買受希望者は一人	売主一人に対し買受希望者は複数人
買主となる者	早い者勝ち 先に買受希望の意思表示をした者から先着順	高い者勝ち 最も高値をつけた者が落札できる
売主のニーズ	一日でも早く売却したいと考える売主向け	少しでも高く売却したいと考える売主向け
売却価格	競争原理が働かないため、売主の売却希望価格を上回る金額での売却は難しい	競争原理がはたらくため、売却希望価格を上回る金額での売却も可能

● 高値で売却をする売主の代理人もいる

　そうした相対取引のデメリットを解消し、売主の利益の最大化、つまり高値売却に特化する仲介サービスが売却専門エージェントサービスと呼ばれるものです。このサービスでは不動産業者は売主の代理人として、売主の立場だけを考えて買主側の不動産業者と粘り強く交渉することになります。ただ、高値で売却できるか否かは、代理人たる不動産会社の担当者の経験や交渉能力、意欲などに左右されるため、経験不足や意欲の低下した者が担当となった場合には、高値で売却できないばかりか、売却時期を大幅に逸する危険性があります。

● 不動産のオークションとは

　不動産オークションとは、売主一人に対し、複数の買受希望者を募り、競争入札の方法により、最も高値で競り落とした者に不動産を売却する方法のことです。不動産オークションでは、複数の買受希望者に互いに価格を競わせ、最も高値をつけた者が落札できるしくみになっています。つまり、相対取引とは異なり、競争原理が働くため、売主の売却希望価格を上回る価格での取引も可能になるわけです。

　この不動産オークションには、ヤフオク！などのネットオークションのようにインターネットを利用して行う方法と、競売や公売などと同様に所定の入札書を用いて行う方法とがあります。インターネット方式のオークションでは、売主が売却したいと考える「最低売却価格」からスタートし、買受希望者がその最低売却価格を超える価格で入札して徐々に価格を競り上げていき、最終締切日時において、最高値を付けた買受希望者が落札者となる「せり上がり方式」が採用されています。他方、入札書を用いたオークションでは、売主が定める売却価格をスタート価格として、買受希望者が入札期日に一斉に入札するという「ポスティング方式」が採られ、スタート価格以上で、かつ最高価格で入札した者が落札者となります。

不動産競売について知っておこう

裁判所が公開する物件情報をもとに検討する

● 不動産を安い価格で入手できる

　競売とは、裁判所から不動産を安く買うことができる方法のひとつだといえるでしょう。たとえば、AさんがB銀行から借金1000万円の申込みをする際に、2000万円のアパートを担保に差し出しました。しかし、Aさんは約束の返済期日になっても、B銀行にお金を返すことができなくなりました。そこでB銀行は裁判所に対して、競売手続の申立てをします。その依頼に基づいて裁判所は、法律上の手続に沿って、裁判所内の公告はもちろん、新聞、インターネット、雑誌などを使って物件の情報（アパートの間取りなど）を公開し、競落人（購入者、買受人または落札者という言い方でもかまいません）を募ることになります。この場合のAさんのアパートを競売不動産といいます。

　また、競落人を募るときに裁判所が公開する物件に関する資料を3点セット（物件明細書、現況調査報告書及び評価書）といいます（次ページ図参照）。3点セットは、裁判所が提供する物件情報のすべてで、1冊の資料として裁判所に備え置かれており、誰でも見ることができます。一般の不動産取引でいうところの「重要事項説明書」にあたります。

　また、BITという不動産競売物件情報サイト（http//bit.sikkou.jp）から無料でダウンロードすることもできます。

● 競売手続きに参加する

　不動産業者は買受希望者として競売に参加することが多いようです。買受希望者は、公開されている物件情報を精査して、競売手続に参加

するかどうかを決めていきます。競売不動産には、それぞれ売却基準価額が設定されていますので注意してください。

　買受希望者が買い受けることを決めたら、「購入を希望します」という申込みを行います。この申込行為を、「入札に参加する」という言い方をします。入札できる期間は、1週間以上1か月以内（東京地裁では原則として8日間）になります。入札期間が満了してから、約1週間後に開札日が設定されるのが通例です。

　なお、複数の入札参加者がいた場合は、一番高い値段をつけた者が買受人になることができます。この買受行為が競落です。

● メリット・デメリット

　一般の不動産取引と異なり、不動産競売によって不動産を取得する場合、そのメリット・デメリットを理解しておかなければなりません。

① メリット

　一般の不動産取引で購入するより安く買うことができる可能性があるということです。市場価格の2割安、3割安で購入することができる場合もありますので、通常では手が届かないような物件を入手でき

■ BITと3点セット

BIT

1 現況調査報告書
執行官が対象物件の形状・占有関係など対象物件を検分・調査した結果をまとめた書面

2 不動産評価書
不動産鑑定士などの評価人が、対象物件を調査し、売却基準価額の根拠を示した書面

3 物件明細書
裁判所書記官が売却の条件を書いた書面

る可能性もあります。ただ、最近では、競売物件であってもよいものは市場価格以上で落札されるというケースもあり、競売市場も二極化しているといえるでしょう。

② デメリット

・**落札した物件に欠陥があった場合の法的保護がない**

　通常の不動産取引の場合は、買主を保護するために、売主にはさまざまな義務が課せられています。一方、競売不動産の場合には、修補請求などのアフターサービスはもちろんのこと、買主に対する法的保護の適用もありません。たとえ、買い受けた後に床の一部が抜けていたことに気がついたとしても、誰かに責任を負ってもらうことはできないため、自分で補修しなければなりません。

・**競売不動産の場合には自己資金が必要**

　買受希望者は、入札期間中に買受申出の保証という名目で保証金を裁判所に納めなければなりません。また、入札金額は、売却基準価額の8割に相当する額以上である必要があります。

・**買受希望段階では内覧が制限される**

　競売不動産については、法律上規制があり、空き家であっても中を見せてもらうにはそれなりの手続きが必要になります。この手続を内

■ 競売不動産を買い取るデメリット

法的保護に欠ける	物件に欠陥があったとしても、契約解除や損害賠償を請求することができない
自己資金が必要	最低でも売却基準価額の10分の2を原則とした保証金は用意しておかなければならない
内覧の制限	買受希望者は、希望物件の中を見ることが制限される
住人と交渉する必要がある	引渡しまで保証されないので、引渡しについては、自分で手続を行わなければならない
調査は自分で行う	物件調査はすべて自分で行う
情報提供期間が短い	閲覧開始日が入札期日の直前になっている

覧制度といいます。ただし内覧の申立てができるのは、差押債権者だけであり、買受希望者は申立てをすることができません。

・**住人との交渉が必要**

代金を納めても、法律上、引渡しまで保証されません。買受希望者が落札に成功すると、1か月以内（実際には、1か月〜2か月程度の間）に代金を納付することになります。この段階で、競落不動産の所有権が落札者に移転します。所有権が移転した段階で、裁判所の役目は終わりです。落札者が現実に競売不動産を占有できるかどうかまで、裁判所は面倒を見ないということです。

不動産業者は依頼を受けて入札に参加する場合もあり（入札代行）、このときは不動産の旧所有者との立退き交渉なども代行します。

・**自分の足で確認しなければならない**

一般の不動産取引の場合、不動産業者の担当者は、顧客に対して、目的物件に関する説明にとどまらず、地域周辺についての情報も提供します。ところが、競売不動産の場合、不動産業者が落札するにあたっても、物件に関する必要な情報の提供を受けることはできません。そのため、物件に関する情報はすべて、業者が自分の足で確認しにいかなければなりません。

・**情報提供期間が短い**

一般の不動産取引に比べて、物件の情報提供期間が短いというのも大きなデメリットです。一般に、競売不動産の閲覧開始日は、入札期日の少なくとも1週間（東京地裁では3週間）程度前からです。買受希望者は、この少なくとも1週間（東京地裁では3週間）で、3点セットを十分精査した上で、現地確認、必要な書類の記入、保証金の準備などをしていかなければなりません。

● 期間入札と特別売却の方法のみ

現在行われている入札方法は、期間入札と後述の特別売却だけです。

期間入札とは、入札期間に買受希望者が執行官室に出頭して書面を提出するか、または、郵送の方法によって入札を行い、後日開札して落札者を決める方法をいいます。入札期間は、今日では7、8日程度に設定されているのが一般的です。

● 買受申出人の資格

買受けの申出は債務者を除いて誰でもできるのが原則です。ただし、不正行為で処分された者などについては、裁判所によって申出の資格が制限される場合があります。また、農地または採草放牧地の買受けをする場合に農業委員会又は知事の許可などを要する（135ページ）などの制限があります。

● 入札書類一式を作成する

入札に必要な書類は、①入札書、②入札保証金振込証明書、③資格証明書（商業登記事項証明書または住民票など）、の3点です。

これらの書類を揃え、表面に開札期日、事件年月日、物件番号などを記載した所定の封筒に入れて、これら一式を執行官に提出します。

■ 競売手続きへの参加

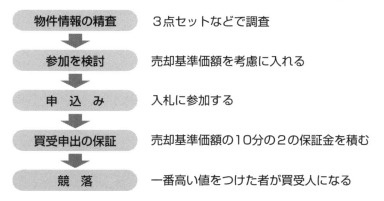

また、提出と引きかえに「受取書」を執行官から受け取ります。

● 特別売却とは

　特別売却とは、買受希望者が現れずに期間が満了した物件につき、先着順で売り出される場合のことをいいます。いわば売れ残りを処分していくものですが、とにかく確実に不動産を手に入れたい場合は、この特別売却物件に狙いを定めていくのもよいでしょう。特別売却物件については、期間入札満了後、裁判所が特別売却の実施命令を行い、後日、価額や方法について公告が行われることになっています。

● 落札人イコール買受人とは限らない

　開札日に執行官によって、入札書の開封が行われ、最高価買受申出人が決定しても、その瞬間からその者が正式な買受人になれるわけではありません。売却決定期日を開き、最高価買受申出人に買受の資格があるのか、競売手続に問題がなかったか、などといった点について、裁判所が改めて審査することになっているからです。

　最高価買受申出人に買受の資格がないといった特別な事情がない限り、裁判所は売却許可決定を下していくことになります。その後は買受人が代金を納付して、後は所有権移転登記の問題だけ、となればよいのですが、そこまで手続は進行しません。民事執行法は、売却許可決定から１週間、物件所有者などからの異議申立てを認めているからです。この異議申立てを執行抗告といいます。

　売却許可決定が確定してから１か月以内に、代金納付通知書が買受人に郵送されてきます。代金納付期限は、通知書が送られた日の２〜３週間後に設定されているのが一般的です。結局、売却許可決定が確定してから、おおよそ１か月以内に代金の納付をしなければならない、と考えておけばよいでしょう。

6 任意売却について知っておこう

不動産競売よりも自己責任が伴う

● 任意売却とは

　土地や建物を担保にお金を借りた人が、その返済を続けられなくなった場合、お金を貸した銀行などの債権者は、担保にとった土地や建物を処分して債権を回収します。土地や建物の処分というと、まずは法律に基づいて行う競売が思い浮かぶかもしれません。しかし、競売は手続きに時間がかかる上に回収額が低くなることが多いため、実際には、民事執行法に基づく不動産競売手続きによらずに処分することが多いようです。また、競売による方法では、返済できなかったローンを依然として支払い続ける義務を負うことも忘れてはなりません。

　競売によらずに不動産を処分することができれば、面倒な手続きを経ることなく、不動産の売却によって得た代金は債権の回収にあてることができ、後のローンの返済についても債権者と債務者の話し合いにより額を減額することも可能になります。このような方法を任意売却といいます。任意売却は実務上よく利用されており、不動産業者も債務者の依頼を受けて、任意売却の媒介（仲介）又は代理を行うことができます。不動産業者が任意売却の買主となる場合もあります。

　たとえば、債務者が債権者のために、1500万円の建物に抵当権を設定して、1000万円を借り受けたとします。このときに、債務者が借金を返すことができなくなって、債権者が競売の申立てを行っても、1500万円の建物は、競売市場では3割以上減少した1000万円弱の価額でしか売り出されません。しかも、売れるかどうかわからない上に、手続きも煩雑で時間がかかるとなると、債権者としてはすぐにでも売り飛ばして換金したいと思うはずです。

そこで、債権者の承諾を得て、建物所有者と買受人との間で担保建物の売買契約を成立させてしまおうというのが任意売却による購入方法です。このとき、買受人が代金1000万円を債権者に直接支払えば、借金返済がなされたことになるので、債権者も債務者も損はないといえます。

● 利害関係人の合意が必要

任意売却は、所有者（債務者）が売却の意思をもっていることが前提になります。任意売却を行う場合は、債権者や占有者など利害関係人が多数存在しているケースがほとんどです。任意売却を成功に導くには、すべての利害関係人の合意を得る必要があります。たとえば、債権者の場合は「いくらで売却するのか」「売却代金からいくら配分されるのか」「いつまでにもらえるのか」などの債権回収に関連する内容について検討の上、合意することになります。不動産の占有者の場合は、「そのまま占有を続けてよいのか、それとも立ち退かなければならないのか」「立ち退いた場合には、立退料をもらえるのか」などの条件について合意できるかどうかを判断することになります。

● どんな手続きをするのか

不動産業者が任意売却の媒介又は代理をする場合、まず債権者・債務者・所有者の実態調査と、抵当不動産の現況調査を行い、また、抵当不動産の調査時点での資産価値の査定をして、売却による回収見込額を見積ります。これらの資料をもとに各利害関係人の意向を確認し、売却までの期間、予定価格、代金の配分方法につき同意をとりつけます。次に、合意に至った条件で買い受けてくれる買受希望者を探します。

買受希望者が見つからない場合や条件面で折合いがつかない場合には、依頼人（債務者）と相談して売却価格の見直しを行い、それに応じて再度配分の調整を行い、利害関係人の同意を得るようにします。

買受人が決まり、売却に関する条件が整うと、最終的な合意をまとめた上で、取引の日時・場所・当日の段取りを決めます。

取引当日は、抵当不動産の売却・抵当権解除・登記抹消手続きと売却代金の受取り・配分を同時に行います。契約書にサインをした後に、契約に基づいて買受人が債権者に代金を支払い、続いて、利害関係人に配分表に基づいた支払いをします。

● 担保の解除と売却代金の配分

任意売却の取引の際には、売買代金の受取りと抵当権の解除は同時に行います。配当を得ることのできない劣後債権者（下位債権者）も、抵当権の解除と登記の抹消手続きに協力することが必要になります。一般的に、配当を受けられない利害関係人に対しては、他の債権者が譲歩して、解除料や抹消料（担保解除料）が支払われます。

● 利害関係人から見て妥当といえるか

複数の抵当権が設定されている不動産において、その価値が抵当権の額を下回っているような場合には、事前に利害関係人の調整を慎重に行う必要があります。このような場合には後順位抵当権者は、任意売却を行う場合に求められる抵当権の登記抹消の手続きに協力する代わりに幾分かの金銭（解除料あるいはハンコ代）を受け取る、といっ

■ 任意売却の手続きの流れ

た内容で同意に至るのが通常です。

このように、すべての利害関係人が任意売却に協力することで、競売では得られない利益を得られるよう、状況に応じてきめ細かい対応を行うことができる点が、任意売却のメリットです。

● 配分について

任意売却の場合には、しくみや手続きについて定める法律の明文規定がありませんので、競売のように後順位の抵当権者が全く債権を回収できないようなとりきめをすることもできますし、極端な話としては、先順位抵当権者からではなく後順位の抵当権者から順に回収額を決めていくこともできます。

ただ、最終的には競売に話が進むことを念頭に入れて、競売手続きにおける基準を参考として任意売却の話を進めていくケースも多いようです。したがって、たとえば複数の抵当権が設定されている抵当不動産を任意売却する場合には、その抵当権の順位と設定額に応じて売却代金を配分するように話が進められることが多いのが実情です。

● 協力が得られない場合など

任意売却に同意しない人がいる場合、任意売却の媒介又は代理をする不動産業者としては、その人が同意しない理由を探って可能な限りの対応をする必要があります。たとえば、抵当不動産の占有者など、実際に建物に住んでいる人が引っ越すのを渋っているような場合には、立退料を支払って同意を促すといった方法をとることになります。

買受希望者がすでに見つかり、売却価格などの条件について、ある程度見通しが立っている場合、任意売却を行った方が競売よりも金額面などでメリットがあることを伝えるとともに、すでに買受人候補がいることも伝えると、より説得しやすくなります。

第6章

さまざまな不動産の活用や管理の方法

土地活用について知っておこう

節税効果や初期投資を抑えるなどのメリットのある複数の提案をする

● どんな活用法があるのか

　本来、適正に利用されるべき土地が長期間利用されていない、あるいは周辺地域の利用状況に比べて利用程度が低い、いわゆる「低・未利用地」は、放置していても、固定資産税や都市計画税など一定の維持費はかかります。そこで、対象となる土地の適性と、土地所有者（地主）の要望をうまくマッチングさせることで、有効な土地活用の方法を提示することは、不動産業に関わる者の至上命題だといえます。

　とはいえ、土地活用にも、さまざまな方法があり、節税効果が高い方法もあれば、全く節税効果を期待できない方法もあります。また収益性や運用リスクなども異なるため、それぞれの特性を把握しながら、その土地の特徴や所有者のニーズに合致した方法を提示していくことが大切です。ここでは効果別に主な活用方法を説明します。

① 節税効果のある土地活用方法

　毎年発生する固定資産税や都市計画税には、特例が設けられており、土地上に家屋が建っていれば、固定資産税で最大6分の1、都市計画税で最大3分の1まで税額を軽減させることができます。

　この優遇措置を受けることができる方法としては、ⓐ更地にアパートやマンションなどの賃貸物件を建て、これを賃貸する方法、ⓑ更地のまま定期賃借権とし土地を貸し出す方法などが考えられます。両者とも、相続税対策としても有効で、土地の評価額を大幅に圧縮させることができます。

　加えて、賃料や地代を毎月受け取ることができるので、安定した収益を期待することができます。ただし、賃貸住宅を経営する場合は、

初期投資額が大きくなること、また近隣に競合物件が建てば、当然に空室リスクや家賃下落リスクも負わなければならないなどリスクも大きいため、賃貸経営を始めるに際には、対象となる土地が、住宅需要を十分に見込めるエリアかどうかを見極める必要があります。

② 初期投資を抑えることができる土地活用

定期賃借権としての土地活用は、初期投資をかけることなく、定期的に安定した収入を得ることができます。また、居住建物用の敷地として利用されれば、固定資産税や相続税を大幅に減税することができます。ただ、一般定期借地権の存続期間は50年以上とされているため、短中期的に資産運用したい人には向かない方法です。

この他、平面駐車場経営や資材置き場の経営なども、初期投資額を抑えることができるだけでなく、他の方法への転換も容易で、経営が芳しくない場合はすぐに更地に戻すこともできるというメリットがあります。ただ、節税効果はなく、収益性も低いものとなっています。

● 地主にメリットのある提案とは

地主に対し、土地の有効活用を促す営業を行う場合には、ただ一般的な文言を羅列しただけの営業DMを送り付けるのではなく、対象となる土地の個性や特性を考慮した独自の適性診断書などを持参して営業活動を行う方が、地主としても明確なヴィジョンが見え、熱意も伝わりやすく、信用を得やすくなるといえます。

また、地主と不動産業者との間には圧倒的な知識の偏差があります。地主にとって最も不利益となるのは、選択すべき複数の提案がない状態、つまり一つの提案のみで土地活用の方法を決定してしまうことではないでしょうか。土地活用にはさまざまな手法があり、複数の提案があれば、それぞれの長所や短所を比較検討でき、自らのニーズに最も適合する方法を選択することが可能になります。

管理委託とサブリースについて知っておこう

どんなメリットがあるのかを把握してから活用を検討する

● 管理委託方式のしくみと活用ポイント

　管理委託方式とは、不動産のオーナー（大家・貸主）が、家賃の収納代行や補修などの「管理」を行う会社を設立して、その管理会社に不動産の管理を行わせる方法です。後述するサブリースとの違いは、貸主と入居者との間で直接賃貸借契約が結ばれることです。つまり、入居者の家賃はそのまま貸主の収入となります。

　管理委託方式では、次ページ図のように、貸主は、家賃収入の中から管理会社に対して管理料を支払います。管理会社は、収益の中から貸主に対して給与を支払います。

　これを整理すると、家賃収入と管理会社からの給与が貸主の収入ということになります。家賃収入については、これまで通り不動産所得として計算します。ただし、新たな費用として管理料を支払った分、不動産所得は少なくなります。そのため、管理料の設定金額次第で税金の負担が変わってきます。管理料の金額を自由に決めることはできますが、客観的に見て業務に釣り合わないような金額は避けるべきです。

　管理委託方式の注意点としては、管理会社と貸主のそれぞれの業務内容を明確に線引きして、あいまいにならないようにすることです。建物の所有者は「貸主」と「管理会社の社員」という2つの立場があるため、「賃料」と「給与」についてお金（通帳）や帳簿、関係書類を別々に管理する必要があります。

　また、管理業務を委託されている事実を明らかにするため、貸主と管理会社との間で契約書を作成しておく必要があります。

　さらに、管理会社から委託された業務を遂行した事実を確認できる

ものとして、日々の業務に関する業務日誌や作業リストなどを作成しておくとよいでしょう。

● サブリースのしくみと不動産管理業者の説明事項

サブリースとは、不動産管理業者（サブリース会社）が、マンションなどの物件を賃貸人（オーナー）から長期間一括で借り上げし、その物件を入居者（転借人）に転貸（又貸し）することです。

サブリースの場合は、不動産管理業者が一括して物件を借り入れるので、賃貸人にとっては入居者募集や管理の手間が省けます。また、万が一空室が出たときでも、不動産管理業者は所定のサブリース料（不動産管理業者から賃貸人に支払われる家賃）を支払わなければなりません。賃貸人にとっては一定の収入を確保できるというメリットがあるといえます。

しかし、不動産管理業者の側も、サブリースの契約を締結してから数か月間は入居者が十分に集まっておらず、安定した家賃収入を得られないのが通常であるため、賃貸人にサブリース料を支払わないという免責期間を設定するのが一般的です。

■ **管理委託方式**

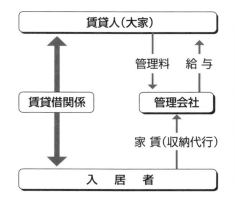

・賃貸人は家賃を受け取ることができるが、管理会社が家賃収納代行などの管理を行うことができる

・賃貸人は管理の対価として「管理料」を管理会社に支払う。管理料が管理会社の収益

・管理会社の収益を、賃貸人への「給与」として還元

第6章　さまざまな不動産の活用や管理の方法　193

また、サブリースの契約更新時には物件の入居状況などにあわせてサブリース料を改定することも可能です。もし減額改定されると賃貸人の収入が減少することになります。サブリースでは、サブリース料の支払いは保証されるが、必ずしも賃貸人が望む金額が支払われる保証はないことをあらかじめ説明する必要があります。

　さらに、サブリースの契約内容によっては、「物件のリフォーム費用は賃貸人が負担しなければならない」「月額家賃の10％程度を管理報酬として不動産管理業者に支払わなければならない」など、賃貸人の出費が増えることがあることも、後々のトラブル防止の観点から説明しておきます。

　そして、不動産管理業者が倒産すると、賃貸人は自ら物件の管理をする必要が生じる他、当てにしていたサブリース料の支払いを受けられずに、賃貸人自らも倒産するリスクが高まります。

　よって、不動産管理業者としては、賃貸人がサブリースによって当初見込んだ通りのお金が将来にわたって常に得られるとは限らないことを踏まえて、その活用を検討することを勧めるべきだといえます。

■ **サブリースのしくみ**

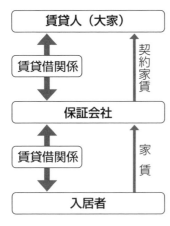

・保証会社は、建物全体を一括して賃貸人から借り、入居者に転貸（又貸し）する
・入居者から家賃を得ながら、賃貸人に契約で定められた「契約家賃」を支払う
・空室や家賃滞納があっても、賃貸人には「契約家賃」が確実に入る

3 ロードサイドショップについて知っておこう

リスクをよく理解して契約を結ぶことが必要である

● ロードサイドショップとは

　ロードサイドショップ（ロードサイト型店舗）とは、幹線道路に面した場所にある、広い駐車場を有する小売店・飲食店・カラオケ店などの店舗のことです。

　ロードサイドショップは、最寄り駅や商店街から遠く、地価の安い郊外に出店するのが一般的です。お客さんが主に自動車で来店するので、駐車場の確保が必須となります。また、地価が安いことから、都市部に比べて地代のコストが安く済むので（広い土地を安価で利用することができます）、低価格による商品やサービスの提供が可能になります。

　不動産業者としては、郊外の幹線道路沿いに広い遊休地（どの用途にも利用されないまま放置された土地）を持っている所有者に対して、ロードサイドショップとしてその遊休地を有効活用する方法を提案することが考えられます。

　不動産業者は、土地所有者（オーナー）とロードサイドショップの運営会社との間の賃貸借契約の締結を媒介し、あるいは代理することで、報酬を得ることができます。また、土地所有者から遊休地を買い受けて、自ら運営会社との間で賃貸借契約を締結することも検討の余地があります。

● 賃貸方式の種類

　ロードサイドショップの出店に際しては、土地所有者とロードサイドショップの運営会社との間で賃貸借契約を結びます。

このとき、両者でどのような賃貸借契約を締結するのか（賃貸方式）については、①土地所有者名義で建物を建てて、その建物を運営会社に賃貸する方式（借家契約方式）と、②土地を運営会社に賃貸して、運営会社がその土地上に自己所有名義の建物を建てる方式（借地契約方式）に大きく分けることができます。

①の方式は、さらに土地所有者が建物を建築する資金を、土地所有者が自ら調達する方式（オーナーリース方式）と、運営会社が後述する「建設協力金」として資金を拠出する方式（建設協力金方式）に分けることができます。

②の方式は、運営会社に対して借地借家法上の借地権を設定するものですが、借地権の中でも「事業用定期借地権」を設定することが多いと言われています。事業用定期借地権とは、10年以上50年未満の期間を定めて土地を賃貸し、期間を経過すると借地契約が終了し（契約更新はありません）、運営会社（借主）が更地にして土地所有者に返還するものです。

● 建設協力金について

建設協力金（建築協力金）とは、運営会社が、土地所有者に対して、建設協力金という名目で建物を建設するための資金を無利息で融資するものです。

土地所有者は、借家契約の期間満了時に返済が終わるように、建設協力金を運営会社に返済します。ただし、建設協力金の毎月の返済分は、原則として毎月の家賃と相殺され、その残額が運営会社から土地所有者に支払われるのが一般的です。

なお、運営会社が期間満了前に借家契約を解約（中途解約）した場合は、土地所有者の返済義務が免除される、という特約を付けるのが一般的です。

● オーナーにはどんなリスクがあるのか

前ページで述べた①の方式（借家契約方式）でも、②の方式（借地契約方式）でも、経営不振などから運営会社が撤退又は倒産することで、オーナー（土地所有者）が賃料（地代・家賃）収入を得られなくなるリスクがあります。また、地価低下・経営不振などを理由に賃料の値下げを要求されるリスクもあります。

これらのリスクが現実に発生した場合に、オーナーが被る金銭的な損失は、①の方式がより高額になると言われています。

①の方式の場合、土地・建物ともにオーナー所有なので、建物の固定資産税・維持費・返済金（建物を建てるためにした借金の返済）などは、オーナーが自ら負担します。運営会社が撤退・破産した場合、オーナーは、これらの負担を賃料収入で賄っていたときは、別の収入を支払いに充てなければならなくなります。

そのため、賃料収入以外にまとまった収入がないオーナーは、資金繰りに苦慮する結果となり、最悪の場合は倒産（破産）に至るケースもあります。また、建物が最初の賃借人となる運営会社の仕様で建てられることが多いため、別の運営会社への賃貸がしにくい、という問題点もあります。

一方、②の方式の場合、土地のみがオーナー所有なので、建物に関してオーナーは負担を負いません（建物所有者である運営会社が負担します）。よって、運営会社の撤退・破産で賃料収入が得られなくなっても、建物の撤去費用などを負担することはあり得るとしても、①の方式に比べて損失は少なくて済みます。

①の方式には以上のリスクがあるので、一般的に賃料収入は②の方式に比べて高額となります。しかし、とりあえず賃料収入を得られればよい、というのであれば、リスクの少ない②の方式を選択するのが妥当だといえるでしょう。

事業用定期借地権について知っておこう

用途に合わせて3種類ある

● 更新のない借地権

　定期借地権とは、一定の要件を満たした場合に認められる、原則として更新のない借地権のことをいいます。これによって借地の利用の幅を広げる効果があります。通常の借地契約では、契約の更新が原則であるため、「借地にすると土地が地主に戻ってこない」というイメージから借地に慎重になる地主も多くいました。

　しかし、定期借地権を利用すれば、柔軟に土地を運用することが可能になります。また、土地を買い取る場合は購入代金がかかりますが、借地の場合、借主にとっても、期間は限られ、地代支払が生じるものの、大金がかかる購入代金を支払わないで土地を調達できるというメリットがあります。

　定期借地権には、以下の3種類があります。

① 　一般定期借地権

　50年以上の借地権存続期間を設定し、期間満了時には契約を更新せず、借主が土地を更地に戻して速やかに返還すること、建物の買取請求はしないことを定める借地権です。一般定期借地権は、契約の更新、建物再築による存続期間の延長がなく、契約終了時の借地人からの建物買取請求も排除することができます。契約は、書面で行わなければなりません。通常は公正証書（168ページ）が用いられます。使用目的が居住用か事業用かの制限はありません。

② 　事業用定期借地権

　事業用に供する建物（居住用を除く）の所有を目的とする場合に限られた借地権です。借地権の存続期間は10年以上50年未満で設定でき

ます。事業用定期借地権の契約は、公正証書によって行わなければならない他、後述するように、契約期間が30年以上かどうかで内容が異なってきます。

③　建物譲渡特約付借地権

　期間満了時に、借地にある建物を地主が買いとるという特約のついた借地権です。存続期間は30年以上で設定します。業者が土地を借り、ビルやマンションを建てて、一定期間賃料収入を得た後は地主に売却する、というビジネスモデルでは建物譲渡特約付借地契約がよく締結されます。地主は建物を購入した後、賃料収入等を得られるというメリットがあります。この借地権の契約は、書面ですべきことが義務付けられていませんので、口頭でも契約は成立しますが、やはり公正証書で契約を結ぶのが一般的です。建物は、居住用でも事業用でもかまいません。

● 公正証書で作成する上での注意点

　事業用定期借地権には、①存続期間が10年以上30年未満のものと、②30年以上50年未満のもの、の２種類があります。

　事業用定期借地権は、事務所、店舗、貸ビルなどの事業用の建物を

■ 事業用定期借地権の特色

存続期間	10年以上50年未満
使用目的	事業用建物の所有
契約の方法	公正証書による
借地人の権利制限	・契約期間を10年以上30年未満とした場合は、当然に契約更新、建物再築による契約延長、建物買取請求が認められない ・契約期間を30年以上50年未満とする場合は、契約更新、建物再築による契約延長、建物買取請求を認めない旨の特約を定めなければならない

第６章　さまざまな不動産の活用や管理の方法

所有する目的でなければ、設定することができません。ただし、営利目的の建物に限定されるわけではないので、公益的な建物である学校や教会も事業用の建物として認められます。

一方、住居や居住用のアパートを所有する目的では、事業用定期借地権を設定することはできません。また、事業用と居住用の両方で使用する建物を所有する目的である場合も、事業用定期借地権を設定することはできません。

まず、①存続期間が10年以上30年未満の事業用定期借地権の場合は、特約で定めなくても、借地人の契約更新請求、建物再築による存続期間の延長、建物買取請求権が認められません。法定更新の規定も適用されませんので、地主が更新拒絶をする際に、「正当の事由」は必要ではありません。

次に、②存続期間が30年以上50年未満の借地権を設定する場合は、通常の借地権と区別するために、契約更新がないこと、建物の再築による存続期間の延長がないこと、建物買取請求を行使できないことを特約で定めなければなりません。

● 設定上の注意点

事業用定期借地権は、建物買取請求権がないなど借地人の権利を大幅に制限することもあります。

そこで、慎重に契約が行われるようにするため、事業用定期借地権の契約は公正証書によって行わなければならないとされています。公正証書を利用せずに事業用定期借地権設定契約を締結したとしても、その契約は無効になります。

また、借地権設定者が、事業用定期借地権であることを第三者に主張（対抗）するためには、借地権の登記又は借地上の建物登記（借地権者名義）が必要です。借地権の登記申請の際には、登記申請書に事業用定期借地権であることを必ず記載しなければなりません。

5 不動産信託について知っておこう

不動産信託受益権という証券が取引対象になることもある

● 不動産を信託するとは

　信託とは、財産の所有者（委託者）が、その所有する財産（信託財産）を第三者（受託者）に移転し、一定の目的（信託目的）に従って財産を管理・運用・処分してもらい、財産から得られる利益を委託者が指定する者（受益者）に給付してもらうしくみのことです。この信託には、信託銀行や信託会社などが受託者となる営利信託と、受託者が信託報酬を得ない非営利信託（民事信託ともいいます）とに大別されます。ここでは営利信託に絞って、説明します。

　不動産信託は、賃貸マンションなどの収益不動産を所有する者（委託者）が、信託銀行などの受託者に不動産を信託し、信託契約に基づいて管理・運用をまかせることから始まります。この時点で、不動産の所有権は委託者から受託者へ移転し、委託者は同時に受益者となって、信託不動産から得られる経済的利益（賃料収入など）を受け取ることになります。この信託財産から得られる利益を受ける権利を「受益権」といい、特に信託不動産から発生する賃料収入などの利益を受ける権利を「不動産信託受益権」といいます。

　従来、不動産取引といえば、不動産そのものを売買し、それに伴い所有権が売主から買主へ移転されるのが一般的でしたが、近年では、特に収益不動産を対象とした不動産信託受益権といった証券に化体した権利が取引の対象となることもあります。

● 不動産信託受益権を取引対象とするメリットはあるのか

　不動産そのものではなく、受益権に転化させて取引することのメ

リットはどこにあるのでしょうか。

　まずなんといっても、流通時の不動産取得税や登録免許税などのコストを大幅に削減できることにあります。受益権は不動産ではないため、信託契約の締結時には不動産取得税を課税されることはありません（ただし、信託契約が終了し、受益者が不動産を取得した場合は、通常の不動産取引と同様、不動産取得税が課税されます）。また登録免許税についても一件1000円と通常の不動産取引に比べ低額になっています。

　さらに、委託者が受益権を取得した後は、受託者が賃貸マンションなどを管理しますので、なにかと面倒な手間を省くことができます。

● 不動産信託受益権の売買

　不動産信託受益権の取引方法としては下記のものが考えられます。

① **売主から買主へ受益者を変更することで、不動産信託受益権を譲渡する方法**

　この方法によれば、受益者が変更しただけで、従来通りの不動産信託を継続することができます。信託不動産の所有者は受託者（信託銀行など）のままです。

② **売主から買主へ受益者を変更した後、新たな受益者となった買主が信託契約を終了させて、信託不動産そのものの所有権を取得する方法**

　この方法によれば、信託契約を解除した時点で、不動産取得税が課税されることになります。また、信託解除に伴って、受託者から買主への所有権移転登記を申請する必要がありますので、通常の不動産取引と同額の登録免許税が課税されることになります。

6 駐車場契約について知っておこう

賃借人は用法に従って使用しなければならない

● 駐車場経営のメリット

　駐車場経営は土地の賃貸人にとって魅力的です。青空式駐車場であれば手間がかかりませんし、安定した収入も見込めます。特に運営・管理について運営会社に委託すれば、管理に関する知識や労力を要することなく駐車場経営を行うことができます。不動産業者は、土地の賃貸人（オーナー）と運営会社の間で行われる土地賃貸借契約の仲介（媒介）業務を依頼されることもあります。

　コインパーキング等の急増に伴って、全国的に展開している大手の運営会社と土地の賃貸人の架け橋になる必要がある場合もあります。経営しようとしている駐車場が月極めであれば、集客が今後の収益の上で、非常に重要になります。時間貸しであれば、看板などで広告を行うことになりますが、運営会社に委託すれば、集客や広告などの業務はすべて運営会社が請け負います。また、土地を駐車場として使用する場合、賃貸借契約に借地借家法は適用されないので、居住用の不動産を扱う場合と比べると、専門知識も少なくてすみます。

　ただし、駐車マスの合計面積が500㎡以上のもの、あるいは一般公共用として駐車料金を徴収する場合は路外駐車場として都道府県知事への届出が必要です（いずれの場合も月極の場合は届出不要です）。

● 駐車場にはどんなものがあるのか

　一口に駐車場と言っても、土地の広さに応じてさまざまな種類があります。駐車場経営を行う際には、土地の形状等に合わせて、適切な種類の駐車場を選択することが必要です。

第6章　さまざまな不動産の活用や管理の方法

まず、簡易な構造の駐車場として、平面式駐車場が挙げられます。もっとも、駐車場経営においては一般的に駐車料金を徴収するしくみが整えられているわけですが、その課金のしくみに応じて、さらにゲート式駐車場とフラップ式駐車場に分類することができます。平面式駐車場は、特別な設備等が必要ありませんので、土地の形状等を気にすることなく、余った土地を、即座に駐車場として有効活用できるという特徴があります。

　次に立体的な駐車場施設として、自走式立体駐車場が挙げられます。一般に、複数階におよぶ施設が設置され、その斜路を、運転手が自動車を運転して登り、自ら駐車スペースに駐車するしくみを採っています。都市部など、限られた狭い土地の上に駐車場を設置する方法として用いられる形式です。自動車が自走して駐車する構造であるため、複雑な機械システムが不要であり、費用等の負担も大きくなり過ぎないというメリットがあります。もっとも、斜路を自動車が登らざるを得ないため、事故や渋滞のおそれがあるという不都合もあります。

　また、同様に都市部に駐車場を設置する方法として、機械式立体駐車場が挙げられます。機械式駐車場には、垂直に並べられたエレベーター式で循環移動することが可能な運搬機が設けられ、自動で駐車スペースまで自動車を運搬することができます。自走式立体駐車場とは異なり、自動車同士の接触事故のおそれや渋滞の不都合はありませんが、初期費用が高額に及ぶことや、機械の維持管理費用も必要になることを留意しておかなければなりません。

● どんな法律が規定しているのか

　駐車場を設置・運営しようとする場合に、従うべき主要な法律として、駐車場法が挙げられます。この法律は、都市における自動車の駐車に必要な施設の整備に関して必要な事項を定め、道路交通の円滑化を図るとともに、駐車場の活用による都市機能の維持・増進を目的に定め

られた法律です。前述した都道府県への届出が必要な場合に関しても、駐車場法が規定しています。その他の技術的基準等については、駐車場法施行令や駐車場法施行規則が細やかな規定を置いていますので、これらの関連法規を確認する必要があります。他には下図のような法令の規制があることに気をつけましょう。併せて、道路事情等は各地方公共団体に応じて異なる部分が多いことから、駐車場の設置・運営を予定している地方公共団体の条例等にも目を配る必要があります。

● 契約書の具体的な内容は

　駐車場契約には、土地全体を駐車場として賃貸する場合と一区画ごとに賃貸する場合があります。また、駐車車両を制限することもあるようです。駐車車両を制限する場合には、①車両名、②車両番号、③車両所有者名、などを契約上特定して記載します。

　賃借人は、賃料を払う事はもちろんですが、賃貸人の定めた管理規則に従って、善良な管理者の注意（職業や地位などに応じて通常期待される程度の注意義務のこと）をもって駐車場を使用しなければなりません。また、契約終了後は、自動車を移動し、残留品を撤去して賃貸人に返還します。これを賃借人の原状回復義務といいます。

■ 駐車場経営をするにあたって注意すべき法令 ……………

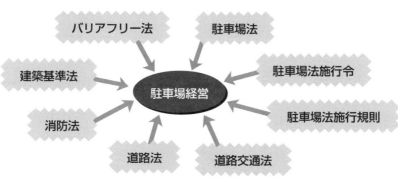

空き家問題にビジネスの可能性はあるのか

特定空き家等に指定されると、土地所有者は取壊し・修繕に応じる必要がある

● 空き家対策は社会問題化している

　近年、管理の行き届かない空き家が増加しています。空き家が増加する原因として、地方やニュータウンなどの過疎化による人口の流出、新築住宅の供給過剰、空き家を解体して更地にすると固定資産税が高くなるので放置状態にすることなどが指摘されています。中でも空き家が増加した原因として、空き家を解体する工事自体に費用がかかることはもちろんのことながら、それに加えて固定資産税の住宅用地特例が挙げられます。住宅が建っている土地の固定資産税は大幅に軽減されるため、多くの土地所有者が空き家のまま放置しているわけです。

　また、建築基準法上の規制を理由に、空き家のまま残されている場合もあります。というのは、建築基準法が規定する基準を満たさなければ、建物を建築することはできませんが、年月を経ることによってその基準は変化しています。そのため、現在建っている建物が空き家になったからといって、壊した後に新たに建物を建築しようと試みても、場合によっては、現在の法規制に則ってしまうと、建物を建築することが許されない土地であるという場合も考えられます。そのため、すでに存在している建物を壊すことなく、空き家として残されている場合も少なくありません。

　空き家は景観を損なうのみではなく、たとえば崩れ落ちた柱などで通行人がケガをしたり、放火や空き巣などといった犯罪被害を招いたりと、大きな社会問題となっています。

● 空き家をどのように活用すればよいのか

　空き家の活用法としては、他人に賃貸・売買したり、空き家を取り壊して更地にして賃貸駐車場にすることなどが考えられます。たとえば自分や家族が住んでいた家屋が空き家になったために、活用方法を検討する場合に、使用していた家屋のコンディションが良ければ売買や賃貸を検討することも有効ですが、老朽の程度が進んでいる場合には、更地の方が活用の幅が広がることもあります。また、仲介業者を通すなどして、自ら買い手や借り手を探すことが容易にできるのであれば問題ありませんが、それが困難であると感じる場合には、空き家自体または空き家を更地にした土地について、不動産業者が買い取った方が効率的な不動産の運用につながる場合もあります。

　なお、空き家の売買・賃貸に関する情報を提供する「空き家バンク」が、主に市町村等の地方公共団体や地方公共団体から委託を受けた団体によって運営されており、一般消費者が活用し易い体制を整えています。空き家バンクは、不動産会社が運営する物件掲載サイトに類似していますが、掲載している物件について取引等が成立しても、取引仲介手数料等を要求することはありません。また、あくまでも空き家の所有者と利用希望者をマッチングするのみで、当事者間の交渉や契約には一切関知せず、当事者を引き合わせまでが主な役割です。

　しかし、わが国では中古住宅の人気が薄く、さらに空き家の立地も条件のよいところではないため（条件のよい立地にある住宅は空き家になりにくいといえます）、売買も賃貸もできない状況に陥っている空き家が増え続けています。また、解体費用を捻出できずにあきらめたり、相続などで空き家の権利関係が複雑になって解体が進まない事態も生じています。

● どんなことを規制しているのか

　空き家問題への対応策として、平成27年に「空き家等対策の推進に

関する特別措置法」が施行されました。この法律では、居住などの使用がなされていない建築物など及びその敷地のことを「空地等」と定義しています。市町村長は、空き家等への調査や、所有者等を把握するために固定資産税情報を利用することができます。

また、この法律では、倒壊のおそれのある危険な状態、著しく衛生上有害な状態、著しく景観を損なっている状態などにある空き家等のことを「特定空き家等」と定義しています。

特定空き家等については、その所有者等に対し、取壊しや修繕などの必要な措置をとるよう市町村長が助言・指導し、助言・指導に従わないときは勧告をすることができます。市町村長が特定空き家等の所有者等に対して、この勧告を行い、周辺の生活環境を保全するための必要な措置を要求した場合には、この特定空き家等に関する敷地について、それ以前に適用されていた固定資産税等の住宅用地特例の対象から除外されるおそれがあります。たとえば、後述するように、小規模住宅用地であれば固定資産税等が6分の1減免され、一般住宅用地であれば、同様に3分の1減免が適用されますが（211ページ図）、特定空き家等として認定され、勧告を受けると、この特例が適用されず、小規模住宅用地では、固定資産税額が6倍にも跳ね上がることになります。もっとも、特定空き家等と位置付けられるだけではなく、除却・修繕・立木竹の伐採等の措置について、勧告以上の行政処分が行われた場合に、固定資産税の特例の適用がなくなります。

勧告に従わない場合は、必要な措置をとるよう命令がなされ、それでも従わなければ、代執行（行政代執行）の手続きによって強制的に特定空き家等の取壊しが行われる場合があります。なお、代執行の費用は特定空き家等の所有者等が最終的に負担しなければなりません（次ページ図）。

所有する不動産を空き家状態で置いておくのであれば、定期的に清掃や修繕を施すなどして、管理を怠らないようにする必要があります。

とりわけ特定空き家等に指定されると強制的に空き家が取り壊される可能性が生じるので、特に注意が必要です。

◉ 空き家にも費用がかかる

空き家の維持・管理に必要な費用特について見ていきましょう。特に、前述の通り特定空き家等に指定されてしまうと、ただでさえ負担しなければならない固定資産税について、場合によっては6倍の額の固定資産税の支払いが必要になる場合もありますので、適切な管理費をかけて、空き家のコンディションを整えておくことは、固定資産税を節税する上でも欠かせない出費ということができます。

一般に家屋は、人が居住していない場合の方が傷みやすく、空き家の外壁が傷んでいればリフォーム会社へのリフォームの依頼や、水道管から水漏れしている場合には、水道会社にメンテナンス料を支払って、修理等を依頼する必要があります。また、空き家は湿気を放置していると傷みがさらに早く進行するおそれがあるため、湿気を取り除くために、定期的に換気や光を取り入れる等の手入れが不可欠です。

■ 特定空き家等の取壊しまでの手続き
◎法律：「空き家等対策の推進に関する特別措置法」

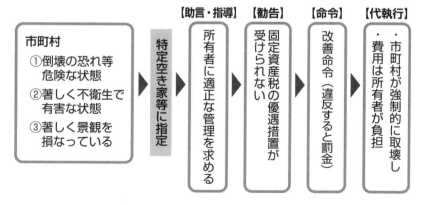

また、電気料金に関しては、一般家庭では、固定の基本料金に加えて、電力使用量に応じた電気料金を支払うことになります。つまり空き家であっても、電気の供給契約を結んでいると、少額でも必ず基本料金がかかります。そこで、空き家を維持していくために、供給契約を継続するかどうかの判断が必要になります。当該空き家について、ほぼ常時、通電が必要な電気設備等がなければ、解約することも選択肢として検討するべきでしょうが、照明等の他にも、定期的に給湯器や浄化槽のポンプ等の稼働が必要な場合には、電気の供給契約は解約しないことが賢明といえます。

　なお、空き家の管理について、遠隔地に住んでいる等の事情によって、個人で行うことが困難な場合もあります。そのような場合には、管理を専門のサービス業者に依頼することになりますが、管理サービス業者は、空き家の所有者に対して管理費用の支払いを求めることになりますので、これも空き家の維持・管理に必要な費用に含まれることになります。

● 税制面による空き家対策

　不動産を所有していると、必ず負担しなければならない税金として、固定資産税が挙げられます。また、地域によっては都市計画税の徴収が要求される場合もあります。これら2つの税金は、市町村が不動産の価値として定める「課税標準」に基づいて額が決まり、毎年1月1日時点での不動産の所有者に対して納税通知が届けられます。特に建物に関して言えば、現在居住している人が対象になるのはもちろんのことながら、空き家の所有者であっても納税の義務があります。固定資産税は不動産を所有している限り負担しなければならない税金ですので、実際に居住しているか否かには関わりなく課税されます。

　なお、平成27年度の税制改正によって住宅用地に対する固定資産税の取扱いが変わりました。

通常の住宅用地では、小規模住宅用地（200㎡までの部分）は固定資産税評価額の6分の1、一般住宅用地（200㎡を超える部分）は固定資産税評価額の3分の1と、特例により固定資産税が軽減されています。つまり、空き家を解消しようとして解体しようとすると、解体費用に一般に数百万円程度の負担が必要になります。そして、更地にしてしまうと、住宅用地の固定資産税率の特例を受けることができなくなってしまうおそれがあるため、固定資産税の支払いの面においても、余計な費用がかかることになります。とりわけ地価が高騰している都心部では、この固定資産税価額の増額は、痛い出費に繋がります。つまり更地にするよりも、空き家にしておく方が税金が少なくなるので、空き家が放置されたまま増加する原因のひとつになっていました。

　もっとも、空き家を残しておけば、必ずしも固定資産税額が安く抑えられるわけではありませんので注意が必要です。前述したように、「空き家等対策の推進に関する特別措置法」に基づく市町村長による勧告の対象となった特定空き家等に係る敷地（土地）については、住宅用地に係る特例の対象から除外されることになりましたので、結果として税負担が重くなります。

■ **住宅用地の固定資産税率の特例**

住宅用地の固定資産税率の特例	
適用対象地	軽減される税率
小規模住宅用地（200m²までの部分）	固定資産税評価額の6分の1
一般住宅用地（200m²を超える部分）	固定資産税評価額の3分の1

⇒したがって更地にせずに空き家にしておく方が固定資産税額が安くなる

勧告の対象となった特定空き家等に係る敷地（土地）

⇒住宅用地に係る特例の対象から除外される
　∴小規模住宅用地では固定資産税額が6倍にも上るおそれがある

第6章　さまざまな不動産の活用や管理の方法

● 空き家の管理が難しい場合

　空き家の所有者も故意に放置しているわけではありません。諸事情により管理が難しい場合は、市町村に相談してみるのもひとつの方法です。市町村によっては、空き家の管理や活用方法についての相談窓口を設けている場合もあります。

　特に、国土交通省が進めている「空き家再生等推進事業」においては、空き家を人が住むことが可能な状態まで再生するという目標設定を基礎に、空き家対策に関してまちまちであった地方公共団体の取り組みの統一化をめざして、空き家を所有する個人をサポートする地方公共団体への支援に乗り出しています。

　具体的には、空き家再生等推進事業は、居住環境の整備・改善を図るために、不良住宅や空き家住宅・空き建築物の除却を行う除却事業タイプと、除却はせずに、既存の空き家住宅・空き建築物の活用を行う活用事業タイプに分類されます。再生の見込みがない居住不可能な空き家の解体工事に対して、地方公共団体の支援と国費を合わせて、おおむね8割程度の費用を支援する補助金の交付や、空き家住宅等の改修等に必要な費用について、地方公共団体の支援に国費を投入することで、全体として2分の1程度の支援を行い、居住環境を整備した住宅や、文化施設等への改修工事のサポートを実施しています。

　実際に複数の地方公共団体において、空き家を増改築・回収することで、家屋を滞在体験施設に生まれ変わらせたり、長屋家屋の空き家を、交流施設、文化展示施設として活用することに成功した事例が複数散見されています。

8 なぜ民泊が注目されているのか

外国人観光客の受け入れ対策と空き家対策という側面がある

● 民泊とはどのようなサービスなのか

　最近大きく話題になっている「民泊」とは、新たなビジネスモデルとしての「民泊」です。つまり、自分が居住用に使用している家や別荘、投資目的で所有している部屋などを、インターネットを通じて、観光客などに紹介し、宿泊施設として有料で貸し出すサービスのことをいいます。日本において民泊ビジネスが拡大する背景には、次の2つの理由があります。まず一つ目は、増加し続ける外国人観光客の受け入れ先として、非常に需要度が高くなっている、という点です。

　日本は2020年に東京オリンピック・パラリンピックの開催を控えており、開催期間中やその前後には、かつてないほど多くの外国人観光客が日本に押し寄せることが想定されています。

　しかし、その一方で、増加する外国人観光客を受け入れるだけの環境は、まだ十分に整備されていないという状況にあります。民泊は、ホテル等に宿泊する場合に比べ、費用を安く抑えることができますので、外国人観光客側にとってもメリットの大きい滞在方法とされています。

● 空き家活用としての民泊ビジネス

　空き家となった建物を民泊に活用し、収益化するというビジネスを確立することで単なる空き家とせず、利益も生むのであれば、非常に有効な資産運用方法だという認識が広がっています。

● 民泊と「ゲストハウス」「簡易宿所」との相違点とは

　民泊とは一般的に、「個人がマンションの空き室や空き別荘、空き家などを活用して、旅行者を宿泊させること」というように解釈されています。ここでは、民泊と混同しやすい「ゲストハウス」や「簡易宿所」といった他の用語との違いを抑えておきましょう。

　まず、「ゲストハウス」とは、バックパッカーなどによく利用されている宿泊施設です。複数人が1つの空間に宿泊をする形態で、シェアハウスやドミトリー、ホステルとも呼ばれています。

　宿泊費をかなり安く抑えることができるという点と、知らない人同士が交流を深めることができるという点がメリットです。

　次に、「簡易宿所」とは、旅館業法に定められている営業の種類の1つです。民宿やカプセルホテルなどが代表例で、ゲストハウスも簡易宿所に該当します。なお、旅館業法は、簡易宿所の他にも、「ホテル」「旅館」「下宿」という3つの営業について定めており、それぞれ、許可を受けるために必要な要件が異なっています。現状、適法な民泊といえば、ほとんどが旅館業法上の簡易宿所の許可を取得していることを指します。

● 民泊と法規制

　個人宅に宿泊させる民泊は、それが対価（宿泊料）を得て人を宿泊させる営業の場合に旅館業法の規制を受け、行政の許可を得る必要があります。しかし、旅館業法に定められた要件は厳しく、簡単に営業許可を取得することができず、民泊施設の中には旅館業法上の許可を得ていない違法状態で営業を行っているケースも多くあります。

　また、行政側としても、宿泊料を得ているのかどうか、営業といえるかどうか、その判断基準が難しいため、現段階では摘発に至らないケースも多く、「民泊は法的にグレーゾーン」との誤った認識も広まっています。

旅館業法上の営業許可を得ずに、有償で営業行為として民泊を営むことは、無許可営業として取締の対象となる可能性があります。しかし、その一方において、民泊施設を年々増加傾向にある外国人旅行客の宿泊施設の受け皿として捉える者が増加していることも民泊に対する需要の高まりを鑑みれば、否定できない部分もあります。

　そこで、日本政府は、国家戦略特区の設置や旅館業法施行令の一部改正によって、民泊についての規制緩和を行ってきました。

　また、現在はこれに続き、民泊の新しい枠組みとして、2017年6月に民泊新法（住宅宿泊事業法として2018年に施行予定）が成立しており、民泊の解禁に向けて、着々と法整備が進められています。

● 旅館業法の特例制度

　旅館業法上の簡易宿所の許可を取得する以外にも、適法に民泊施設を営む方法として、国家戦略特別区域法に基づく旅館業法の特例制度を活用した特区民泊（正式名称は「国家戦略特別区域外国人滞在施設経営事業」）があります。

　旅館業法上の簡易宿所として営業許可を得る際、居住用の物件を活用するときは、玄関帳場（フロント）の設置義務が負担になります。

■ 民泊営業の種類と特徴

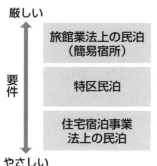

要件	種類	特徴
厳しい ↑	旅館業法上の民泊（簡易宿所）	・旅館業法上の営業許可が必要。 ・建築基準法、消防法などの要件をクリアする必要がある。
	特区民泊	・国家戦略特別区域内であり、かつ民泊条例が制定されている自治体であることが要件
↓ やさしい	住宅宿泊事業法上の民泊	・ホストや管理者が自治体へ届出をすれば民泊ビジネスを行うことができる。

しかし、国が「国家戦略特別区域（以下、「特区」といいます）」と指定した区域内で営業しようとする場合、民泊条例が制定されていれば、玄関帳場の設置不要となる傾向にあります（ただし、条例で設置義務が定められていることもあります）。ただし特区民泊は、宿泊者の宿泊日数について、2泊3日以上（区域により6泊7日以上）と日数制限が設けられています。2017年5月時点では、東京都大田区と、大阪府、大阪市、北九州市という4つの自治体で民泊条例が成立、施行されています。

● 旅館業法の規制対象となる基準

旅館業法では、旅館業の定義や、営業許可を与える基準等が定められており、旅館業とは「宿泊料を受けて人を宿泊させる営業」と定義付けがなされています。つまり、旅館業とは、①宿泊料を受けて、②人を宿泊させる、③営業行為だといえます。

ここにいう営業とは不特定多数の人を対象に、反復継続して有料で宿泊させる行為を指します。したがって、年1回開催されるイベントのため、自治体からの要請で自宅を提供する、いわゆる「イベント民泊」は、反復継続性が認められないことから、営業には該当せず、旅館業法上の許可を受ける必要はありません。また、無償で知人を自宅へ泊める行為も、広く民泊の定義に含まれるとしても、旅館業にはあたらず、営業許可がなくても違法行為とはなりません。

ただし、「Airbnb」や「とまりーな」など、民泊を仲介するウェブサイトに宿泊施設を掲載した場合、たとえ実際には営業目的がなかったとしても、「不特定多数の人を対象」として「反復継続して」宿泊させる意思があるものと判断されてしまう可能性があります。仲介サイトを利用する際には、こうした危険性があることを理解しておく必要があります。

旅館業法の規制対象となる場合、衛生設備や消防設備などが義務付

けられており、保健所の許可を受ける必要があります。

　そのため、簡易宿所営業としての民泊を行うためには、提供するマンションの空き室や空き家などを簡易宿所に適合するよう建物の用途変更や、衛生設備・消防設備を具備する必要があり、リフォーム費用がかさむだけでなく、いくら規制緩和されたといっても、設備・構造要件は厳しく、許可取得には依然高いハードルが存在しています。

● 民泊は賃貸業ではないのか

　賃貸業と旅館業とは全く異質のものであり、両者は①衛生上の管理責任が誰にあるか、②宿泊者がその宿泊する部屋に生活の本拠があるか否か、という2点において決定的な違いがあります。つまり、旅館業であれば、衛生上の管理責任は事業者にあり、宿泊者はその宿泊する部屋に生活の本拠を有しないことになります。これに対し、賃貸業では、管理責任は原則として借主にあり、借主は借り受けた部屋に生活の本拠を有していることになります。これを民泊にあてはめた場合、旅行者は、わざわざ宿泊する部屋に住民票を移すようなことはしませんから、生活の本拠は有さず、ここから、民泊は賃貸業ではなく旅館業に含まれることになります。したがって、合法的に民泊ビジネスを行うためには、現行法上は旅館業法上の許可を取得する必要があります。

■ 旅館業法上・特区・住宅宿泊事業法上の民泊の比較 ············

	旅館業法上の民泊	特区民泊	住宅宿泊事業法上の民泊
行政への申告	許可	認定	届出（管理者は登録）
営業できる日数の上限	なし	なし	180日
宿泊日数の制限	なし	2泊3日以上	なし
住居専用地域での営業	不可	不可	可能
居室の床面積	3.3㎡以上 ※1	25㎡以上	なし

※1　10人未満の施設の場合

● 住宅宿泊事業法とは

　旅館業法施行令が改正されたといっても、まだまだハードルは高く、住宅地では営業許可がおりないということも最大のネックとされています。特区民泊にしても、エリアが限定されているため、個人が住む地域が国家戦略特区に指定されていない、あるいは指定されていても、民泊条例が制定されていない場合は、旅館業法上の営業許可を受けなければ合法的に民泊を行うことができません。

　このように国家戦略特区の設定や、旅館業法施行令の一部改正と、民泊推進に向け舵をきりながらも、住宅地での民泊が認められないなど、一般的に民泊を普及させるには至っていないのが現状です。

　そこで、民泊の新しい枠組みとなる新法（住宅宿泊事業法）が制定され（2017年6月成立）、住宅地も含めて民泊を解禁する方向で検討を進めています。

　住宅宿泊事業法により、ホスト（住宅宿泊事業者）や、運営管理代行業者（住宅宿泊管理業者）、民泊仲介サイト（住宅宿泊仲介業者）が届出や登録を行うことで、旅館業法の許可を得ることなく、民泊を行うことが可能になります。また、従来禁止されていた住宅地における民泊の実施も可能になることから、民泊ビジネス参入のハードルが低くなります。

　さらに住宅宿泊事業法では、家主は宿泊させたくない客については受け入れを拒否することができます（旅館業法では、原則として宿泊客の受け入れを拒否できません）。したがって、近隣トラブルなどの発生リスクを最小限度にとどめることができます。

　ただし、旅館業法の許可を得て営業している旅館やホテルへの配慮から、一定の規制として営業できる日数の上限が設けられており、180日とされています。制限日数を超えて営業を行う場合は、従来通り旅館業法上の許可が必要になります。なお、住宅宿泊事業法は2018年6月までに施行されることが予定されています。

第7章

民法（債権法）改正と不動産取引

民法改正についての全体像

取引の解釈指針としてルールが明確化される

● 民法改正が行われた背景

わが国で現在施行されている民法は、明治29年（1896年）に制定されたものです。昭和22年（1947年）に全面改正された家族法（親族・相続）を除いて、多くの規定が120年以上経過した現在も施行当時のままです。そのため、条文上不明確な事項は、その解釈指針を示した判例（最高裁判所の判断）などに基づいて、取引などを行うことが少なくありませんでした。しかし、そのような解釈指針は条文に明記されておらず、一般の国民にはわかりにくい法律になっているのが現状です。そこで、判例などの解釈指針を条文に反映し、国民にとって分かりやすい民法が求められるようになりました。

民法改正は平成29年5月に国会で可決され、同年6月に公布されました。公布から3年以内に原則施行されるため、平成32年前半頃の施行が予想されます。今回の民法改正は、契約などを規律する「第三編（債権）」の全面的な見直しに主眼があるため、「債権法改正」と呼ばれています。その他、意思表示や消滅時効などの「第一編（総則）」の見直しも行われています。

● 民法改正が不動産業に与える影響

不動産業にとっては、売買に関して、売主の瑕疵担保責任（改正前570条）を廃止して、代わりに売主の「契約不適合責任」を導入することが最も影響の大きい改正といえます（226ページ）。また、賃貸借に関して、敷金の意味や原状回復義務の範囲が条文化されるなど、従来の判例などの解釈が条文になっている点も注意が必要です。

意思表示・時効をめぐる改正ポイント

取引の実態に合わせたルールに改められる

● 錯誤による意思表示

　錯誤に関しては、債権法改正により無効事由から取消事由に変わったことが重要です。いつでも主張できる無効事由とは異なり、今後は錯誤による取消権が時効消滅する可能性が生じます。

　次に、錯誤の類型として、①意思表示に対応する意思を欠く錯誤（意思表示の錯誤）と、②表意者が法律行為の基礎とした事情に関する認識が真実に反する錯誤（動機の錯誤）があるのを明確にしました（95条1項）。その上で、②については「その事情が法律行為の基礎とされていることが表示されていたとき」に限り錯誤による取消しができると規定し（95条2項）、判例の解釈を条文化しました。

　さらに、改正前民法においては、錯誤であると認められるためには、「要素の錯誤」に該当しなければなりませんでしたが、その意味が不明確でした。たとえば、Aという建物を購入したと思い込んでいて、実際にはBという建物を購入した場合には、要素の錯誤であると認められていました。改正法では意味をより具体化し、錯誤が「法律行為の目的及び取引上の社会通念に照らして」重要なものであるときに限り、取消しができると規定しました（95条1項）。

● 詐欺による意思表示

　第三者詐欺（第三者が詐欺を行った場合）について、改正前民法では相手方が悪意（第三者詐欺の事実を知っている）のときに限り、表意者は詐欺による取消しができるとしていました。しかし、債権法改正により相手方が悪意のときだけでなく、有過失（第三者詐欺の事実

を過失により知らなかった)のときにも、表意者は詐欺による取消しができると改められました(96条2項)。詐欺による契約に起因して取引関係に入った第三者の保護に関する規定も変わりました。つまり、改正前民法では第三者が善意(詐欺の事実を知らない)の場合に、表意者は第三者に対し詐欺による取消しを主張できませんでした。しかし、債権法改正により第三者が善意かつ無過失の場合にのみ、表意者は詐欺による取消しの主張ができなくなります(96条3項)。

　いずれの改正も、改正前民法と比べて詐欺に遭った表意者が保護される(取消しの主張ができる)可能性を広げているのが特徴です。

● 代理・無権代理

　代理に関しては、代理人による代理行為に欠陥(瑕疵)がある場合について、代理人が、①欠陥の原因の作出者である場合と、②欠陥のある意思表示を受領者である場合を区別しました。その上で、①は代理人の相手方に対する意思表示が意思の不存在・錯誤・詐欺・強迫・悪意・有過失の事情により、②は意思表示を受けた代理人の悪意・有過失の事情により、それぞれ影響を及ぼすおそれがある場合、それらの事実の有無は代理人について決定すると規定しました(101条)。

　たとえば、代理人が買主に詐欺を行うのは①に該当するので、代理人と土地の売買契約を結んだ買主が、詐欺のルールに従って、意思表示を取り消すか否かを判断します。一方、第三者が買主に詐欺行為をするのは②に該当するので、代理人が悪意または有過失であれば、買主は詐欺による取消しができます(第三者詐欺、前ページ)。

　また、「代理人が自己又は第三者の利益を図る目的で代理権の範囲内の行為をした場合」(代理権の濫用)について、判例の解釈を条文化しました(107条)。ただ、判例はこれまで、代理人が代理権を濫用してはいるものの代理権自体は持っていることから、代理権の濫用は有権代理であると解釈していました。しかし、債権法改正では、代理

権を濫用している代理人は、たとえば本人の許可なく代理人が第三者との間で建物の売買契約を結んだ場合のような、無権代理とみなすことにした点に注意が必要です。

その他、無権代理ではあるものの、代理権があると信じて取引行為に望んだ第三者等を保護するための規定である、表見代理の制度に関しては、判例が解釈で認めていた重畳適用を条文化しています。たとえば、実際には代理権を持たないBについて本人が「建物の賃貸借契約を結ぶ代理権を与えている」という内容等の委任状を交付している場合などに、（無権）代理人Bが賃貸借契約ではなく建物の売買契約を第三者Cとの間で締結した場合のような、代理権授与の表示による表見代理と権限外の表見代理の重畳適用は、民法109条2項で条文化されています。

● 消滅時効期間の統一化

改正前民法では、債権の消滅時効期間を原則10年と定めつつも、短期消滅時効（飲み屋のツケは1年など）を設けていました。また商法には5年の商事消滅時効が存在していました。しかし、債権の消滅時効期間を区別する合理性がないとして、債権法改正により短期消滅時効と商事消滅時効を廃止し、債権の消滅時効期間を、①権利を行使できる時から10年、または②権利を行使できることを知った時から5年と統一しました（166条）。したがって不動産の売買契約に基づく代金支払債権も、基本的にこの時効期間に服することになります。また、債権法改正では、普段利用されている言葉の意味に近づけるため、時効期間のリセットを意味する時効の中断を「時効の更新」に、時効期間の進行を一時的に止めることを意味する時効の停止を「時効の完成猶予」にそれぞれ変更しました。また、当事者が権利について協議をする旨を合意して、原則として協議の合意があった時から1年は、時効の完成が猶予されるという制度が新設されました（協議の合意、151条）。

3 債務不履行をめぐる改正ポイント

不履行の事実のみに基づき契約解除が可能になる

● 債務不履行による損害賠償

　債権法改正後も債務不履行に基づく損害賠償請求の要件は、①債務の履行がないこと、②債務者に帰責事由があること、である点は改正前民法と基本的には同じです。なお、債務者の履行遅滞中に当事者双方の帰責事由なくして履行不能となった場合は、債務者に帰責事由があるとみなされます（413条の2第1項）。

　債務者の帰責事由に関しては、改正前民法の下では、債務者が自らに帰責事由がない旨を立証すべきと解釈していましたが、条文上明確ではありませんでした。改正により債務不履行による損害賠償責任の免責事由として、債務者が「債務の不履行が契約その他の債務の発生原因及び取引上の社会通念に照らして債務者の責めに帰することができない事由」を立証すべきことを条文化しました（415条1項ただし書）。この条文は、債務者の帰責事由の有無を「契約」や「取引上の社会通念」などに照らして判断すると明記し、特に契約における合意内容を重視する姿勢を示した点が特徴的と考えられています。

● 債務不履行による契約解除

　改正前民法の下では、契約解除が認められる要件は、①債務の履行がないこと、②債務者に帰責事由があること、③債権者から債務者に履行の催告をすること、の3つが原則でした。しかし、契約解除を認める趣旨は契約の拘束力から債権者を解放することにあると考えられるようになったため、改正により「②債務者の帰責事由」を契約解除の要件から除外しました（541条、542条）。

反対に、軽微な不履行に過ぎないときにまで契約解除を認めると、債務者に過度な不利益が及び得るので、軽微な不履行は「①債務の不履行」から除外しました（541条ただし書）。さらに、「①債務の不履行」について債権者に帰責事由がある場合、債権者は契約解除ができないとしました（543条）。

　また、債権者の受領遅滞中に当事者双方の帰責事由なくして履行不能となったときは、債権者に帰責事由があるとみなされる（413条の2）ため、この場合も債権者による契約解除が認められません。

　そして、改正により「③履行の催告」については、履行の催告をせずに契約解除（無催告解除）ができる場合が増えました（542条）。具体的には、定期行為（特定の日時や期間内に履行しないと契約目的を達成できない場合）及び履行不能に加えて、債務者が履行を拒絶する意思を明確に表示した場合や、履行の催告をしても契約の目的を達する履行が見込めないのが明らかな場合なども、無催告解除ができることになりました。

● 原始的不能の取扱い

　原始的不能とは、契約が実現不可能なことです。たとえば、AがBに別荘を売却したが、契約日の1週間前に別荘が焼失していた場合を指します。改正前民法の下では、このような原始的不能の契約は当然無効と解釈されていました。しかし、債権法改正により原始的不能の契約を有効なもの（解除により効力が消滅するもの）と捉えて、履行請求を行えないこと及び損害賠償請求権を条文化しました。

　つまり、債務の履行が「契約その他の債務の発生原因及び取引上の社会通念に照らして不能である」場合、債権者は債務の履行を請求することができません（412条の2第1項）。その一方で、債権者は原始的不能によって生じた損害の賠償を請求できますし（412条の2第2項）、履行不能を理由とする無催告解除もできます（542条）。

売買をめぐる改正ポイント

契約不適合な給付を受けた買主の救済手段が用意された

● 解約手付による契約の解除

　改正前民法は、買主が売主に解約手付を交付した場合、「当事者の一方が契約の履行に着手するまでは、買主はその手付を放棄し、売主はその倍額を償還して、契約の解除をすることができる」と定めていました。しかし、自らが履行に着手していても、相手方が履行に着手するまでは、解約手付による契約の解除ができると判例が解釈していました。

　そこで、改正により「買主が売主に手付を交付したときは、買主はその手付を放棄し、売主はその倍額を現実に提供して、契約の解除をすることができる。ただし、その相手方が契約の履行に着手した後は、この限りでない」と定めて、判例の解釈を条文化しました（557条）。これに伴い、宅建業者が売主となる場合に交付される解約手付に関する条文も同趣旨に改正されました（宅建業法39条2項）。

● 契約不適合責任の導入

　改正前民法の下では、売買の目的物に隠れた瑕疵（欠陥）があった時に、買主は、売主に損害賠償請求をしたり、契約を解除したりできる瑕疵担保責任の制度がありました。しかし、瑕疵とは「目的物が通常持っている性能を欠いていること」を意味すると解釈されていますが、その意味が明確でないと指摘されていました。また、買主が高性能の物を望んでいても、通常の性能を有する物を引き渡せば、売主は瑕疵のない物を引き渡したとされ、瑕疵担保責任は成立しないともいえます。しかし、買主が契約目的に沿うような物の引渡しを受けたか

といえば、そのように言うのは難しいと思われます。

　そこで、改正によって、民法から瑕疵担保責任に関する規定を削除し、瑕疵という概念を今後は使わないことにしました。その代わりに「契約不適合責任」という概念を導入して、「引き渡された目的物が種類、品質又は数量に関して契約の内容に適合しない」（契約不適合）場合における買主の請求権を定める形で、売主の責任に関する制度を整えました。この制度では、目的物が契約の内容に適合する給付であるかどうかが問われるため、当事者においてどのような契約を締結したのかがより重視されます。

　また、契約不適合責任としては、改正前民法の下での瑕疵担保責任に加えて、①全部他人物、②一部他人物、③目的物に地上権・永小作権・地役権・留置権・質権が付着する場合、④目的物に存在するとされていた必要な地役権が付着しない場合又は対抗力のある賃借権が付着する場合、⑤目的物に抵当権・先取特権が付着する場合、⑥数量指示売買において指定していた物が不足（面積不足など）する場合などが当てはまると考えられています。

　なお、売主が宅建業者である場合の瑕疵担保責任に関して、「目的物の引渡しの日から２年以上となる特約をする場合」を除き、民法の規定よりも買主に不利となる特約をしてはならないとする規定（宅建業法40条）は、契約不適合責任（担保責任）に関する規定としてそのまま引き継がれています。

● 契約不適合責任に基づく救済手段

　契約不適合の給付を受けた買主には、４つの救済手段を用意しました。ただし、契約不適合について帰責事由がある買主は、救済手段を行使できないという制約があります。また、契約不適合責任は、基本的には売買以外の契約にも適用されます。

① 　追完請求権

買主は、目的物の種類・品質・数量が契約不適合である場合、売主に対して、目的物の修補、代替物の引渡し、不足分に関する追加の引渡しを請求することができます（562条）。

② 代金減額請求権

買主は、相当な期間を定めて追完を催告したのに売主が追完をしない場合、履行の追完が不可能である場合、売主が履行の追完を拒絶する意思を明確に表示した場合には、売主に対して、追完がされないことによる契約不適合の程度に応じて、売買代金の減額を請求することができます（563条）。改正によって、瑕疵担保責任の追及としては行えない①②の請求が行えるようになった点が特徴的です。

③ 損害賠償請求権・契約解除権

買主は、一般の債務不履行に関する規定に則って、売主に対して損害賠償請求や契約解除ができます（564条、224ページ）。ただし、一般の債務不履行と同じく、債権者（買主）に帰責事由がある場合は、契約不適合責任による契約の解除ができません（543条）。

● 契約不適合責任の追及期間

改正前民法では、売主が担保責任を負う場合、買主は、事実を知った時から1年以内又は権利行使できる時から10年以内に、損害賠償請求や契約解除などをするのが原則でした。しかし、債権法改正によって、契約不適合責任については、債権一般の消滅時効の期間内（権利行使できる旨を知った時から5年以内又は権利行使できる時から10年以内）に行うように改められました（223ページ）。つまり、契約不適合責任は改正前の担保責任よりも追及期間が長くなるといえます。

ただし、悪意又は重過失でない売主が、種類又は品質に関して契約不適合の目的物を買主に引き渡した場合、買主が不適合を知った時から1年以内に売主へ通知しなければ、買主は契約不適合責任を追及できなくなるとの規定が設けられています（566条）。

賃貸借をめぐる改正ポイント

敷金に関するルールが明確化された

● 賃貸借の存続期間・対抗要件

　改正前民法では、賃貸借の存続期間（更新後の存続期間を含む）は20年以内でした。しかし、改正により50年以内（更新後の存続期間も50年以内）に延びました（604条）。契約で50年より長い期間を定めたときは、存続期間が50年として扱われます。なお、借地借家法上の借地権及び借家権の存続期間は変更されていません。

　また、不動産の賃貸借を登記した賃借人は、その不動産について物権を取得した者に加えて、新たに「その他の第三者」に対しても、賃借権を主張できることが明記されました（605条）。そして、対抗要件を備えた不動産の賃借権に基づき、賃借人は、不法占拠者等に対して妨害排除請求や返還請求ができる旨が明記されました（605条の4）。

● 賃貸借の目的物の修繕

　目的物の修繕に関して、改正前民法の下では、賃貸人が目的物の使用収益に必要な修繕を負う旨の規定があるだけでした。債権法改正においては、この規定を維持した上で（606条1項本文）、賃借人の帰責事由により修繕が必要となった場合、賃貸人は修繕義務を負わないことを明記しました（606条1項ただし書）。

　さらに、賃借人が賃貸人に修繕が必要であると通知し、又は修繕が必要であるのを賃貸人が知っていたのに、賃貸人が相当の期間内に必要な修繕を行わない場合、賃借人が自ら目的物の修繕ができるとする規定を新設しました（607条の2第1号）。

　なお、賃貸人に通知する余裕がないほどに「急迫の事情がある」場

合、賃借人は通知をせずに修繕することが可能です（607条の2第2号）。目的物は賃貸人の所有物なので、目的物の所有権に対する干渉ともいえる賃借人による修繕が可能となる要件を明らかにしたといえます。

● 不動産の賃貸人の地位の移転

改正により、改正前民法では不明確であった不動産の賃貸人の地位の移転に関する条文が新設されました。具体的には、不動産の賃借人が賃貸借の対抗要件（借地借家法上の対抗要件でもよい）を備えている場合、その不動産が譲渡されたときは、その不動産の賃貸人の地位は譲受人に移転します（605条の2第1項）。ただし、賃貸人の地位の移転は、目的物である不動産について所有権移転登記をしなければ、賃借人に対抗できません（605条の2第3項）。

● 敷金の定義・返還時期等

改正前民法には敷金に関する規定が存在しませんでした。特に、敷金の返還時期が争われており、判例は建物の明渡し時（賃借人の明渡しが先履行である）であると判断し（明渡時説）、実務ではそのように運用されてきました。しかし、敷金にまつわるトラブルが非常に多いことから、改正により敷金に関する判例の解釈などを明文化する形で、敷金を規律する条文が新設されました。

まず、敷金とは何かについて、「いかなる名目によるかを問わず、賃料債務その他の賃貸借に基づいて生ずる賃借人の賃貸人に対する金銭の給付を目的とする債務を担保する目的で、賃借人が賃貸人に交付する金銭をいう」と明記しました（622条の2第1項）。その上で、賃借人が「賃貸借に基づいて生じた金銭の給付を目的とする債務」を履行しないときは、賃貸人が、敷金をその債務の弁済に充当できることが定められました（622条の2第2項）。

そして、敷金の返還時期は「賃貸借が終了し、かつ、賃貸物の返還

を受けたとき」であるとし（622条の2第1項1号）、判例の明渡時説を採用しました。ただし、賃借人が賃貸人の同意を得て適法に賃借権を第三者に譲渡した場合には、賃借人は、賃貸人に対し敷金返還請求ができるという特則が定められています（622条の2第1項2号）。

● 賃料の減額請求

　賃借物の一部滅失の場合は、賃借人の帰責事由に基づくものでない限り、賃料は、使用収益ができなくなった部分の割合に応じて減額されることが明記されました（611条1項）。改正前民法では、賃借人の請求に基づいて減額されましたが、当然減額に変わっています。

　また、賃借物の一部滅失のために、残りの部分を使用収益するのでは賃借人が契約の目的を達成できない（目的達成不能）場合、賃借人に帰責事由があっても、賃借人からの契約解除が可能となりました（611条2項）。改正前民法では、賃借人に帰責事由がある場合は契約解除ができませんでしたが、賃借人の帰責事由の有無を問わないと変わっています。そして、賃借人の帰責事由については、別途、賃貸人が損害賠償請求を行うことで処理されることになります。なお、賃借物の全部が滅失その他の事由により使用収益ができなくなった場合には、賃貸借は当然に終了すると明記されました（616条の2）。

● 原状回復義務

　契約終了時の原状回復義務に関しては、賃借人は、「通常の使用及び収益によって生じた賃借物の損耗並びに賃借物の経年変化」を除いた目的物の損傷につき原状回復義務を負うが、その損傷が賃借人の帰責事由によるものでなければ原状回復義務を負わない旨を条文化したことが重要です（621条）。改正前の判例などの解釈と基本的には変わりませんが、民法に条文が設けられたことから、賃借人に負わせる原状回復義務はより慎重に判断する必要があるといえます。

6 保証契約をめぐる改正ポイント

個人保証を制限する規定が置かれた

● 不動産業者に与える影響

　債権法改正で大幅に変更された制度の1つが「保証」です。しかし、保証に関する改正は、特に「事業」のために「貸金等債務」（融資やローン）の保証人となる個人を保護する制度の創設に主眼が置かれています（個人保証の制限）。不動産業者が事業のための融資やローンの貸主又は保証人となる例は多くないので、保証に関する改正で不動産業者が受ける影響も多くないと思われます。

　ただし、不動産業者が事業のために個人保証付きで融資を受ける場合は、原則として保証人となる個人が事前に公正証書によって保証意思を示さなければならない（465条の6第1項）など、債権法改正で創設された個人保証の制限に注意する必要が生じます。

● 不動産の売買と保証

　不動産業者が不動産の売買を代理・媒介をする相手方は「個人」が多く、その個人は事業のためでなく、生活の本拠地又は別荘などとするために不動産を購入するのが一般的です。そのため、買主がローンを保証人付きで組んで、売買代金を支払うとしても、基本的には債権法改正で創設された個人保証の制限の適用を受けません。

　一方、企業や個人事業主である買主が、事業のために融資を個人保証付きで受けて、不動産を購入する場合は、買主側が個人保証の制限をクリアできるかを見極める必要があります。保証契約が無効になると融資不成立となり、特にローン条項（128ページ）がある時は売買契約もなかったことになるからです。

● 不動産の賃貸借と保証

不動産の賃貸借において、個人が賃借人の債務を保証する契約を締結する場合は、売買の場合と異なり、それが事業のためであるか否かを問わず、債権法改正に注意する必要があります。

改正によって、賃借人の債務の保証に係る契約は、定期的に発生する賃料だけでなく、原状回復にかかる債務や損害賠償などにも及ぶ不特定の債務であるため、一定の範囲に属する不特定の債務を主たる債務とする根保証契約に該当することになりました（465条の2第1項）。そして、根保証契約は負担が過大になるおそれがあり、特に個人を保護する必要性が高いので、極度額（保証人が負担する上限の金額）の定めのない個人が保証人となる根保証契約（個人根保証契約）は無効であると明記されました（465条の2第2項）。

そのため、個人が賃借人の債務を保証する旨の契約を締結する場合には、契約締結時に極度額を定めなければなりません。さらに、書面又は電磁的記録によってしなければ、個人根保証契約は無効となることにも注意しなければなりません（465条の2第3項）。

● 個人保証の制限

債権法改正によって創設された個人保証の制限は、契約締結時の場面では、①公正証書の作成、②主債務者の情報提供義務、の2つに注意する必要があります。

① 公正証書の作成

ⓐ個人が事業のために負担した貸金等債務を保証する場合や、ⓑ個人が事業のために負担した貸金等債務を含む根保証をする場合、保証契約や根保証契約に先立ち、保証意思（保証債務を履行する意思）を確認するため、保証人となろうとする個人に対し公正証書を作成することを義務付けました。この公正証書は保証契約や根保証契約の締結日前1か月以内に作成しなければならず、公正証書を作成せずに行っ

た保証契約や根保証契約は無効となります（465条の6第1項）。

つまり、事業目的であっても、売買代金債務や賃借人の債務は貸金等債務でないのでⓐ及びⓑに該当せず、これらを保証・根保証する場合は、公正証書の作成が不要です。一方、売買代金を支払うために個人保証付きで融資を受ける場合は、それが事業目的である限りⓐに該当し、保証人となろうとする個人には公正証書の作成義務が生じます。

ただし、主債務者と一定の関係にある個人が保証人となる場合（経営者保証）には、上記のⓐ又はⓑに該当するときでも、公正証書の作成は不要とする例外も設けられました（465条の9）。具体的には、主債務者が法人の場合は「取締役、理事、執行役、過半数の株式保有者（総株主の議決権の過半数を有する者）」など、主債務者が個人事業主の場合は「共同事業者、債務者の事業に現に従事する配偶者」などが保証人となるときは、公正証書による保証意思の確認は不要です。

② **主債務者の情報提供義務**

主債務者は、事業のために負担する債務の保証、又は事業のために負担する債務を含む根保証を委託する場合、委託を受けて保証人になろうとする個人に対し、自らの返済資力に関する情報を提供しなければなりません（465条の10第1項）。そして、主債務者から保証や根保証の委託を受けた個人は、情報提供義務違反により誤認して契約の申込みや承諾をした場合、債権者が悪意又は有過失である限り、保証契約や根保証契約の取消しができることを明記しました（465条の10第2項、第3項）。

主債務者の情報提供義務は、貸金等債務を個人が保証・根保証する場合に限らず、広く事業のために負担する債務を個人が保証・根保証する場合に発生します。たとえば、事業目的の不動産の賃貸借により生ずる賃借人の債務を個人が根保証する場合は、主債務が貸金等債務でないので公正証書の作成は不要ですが、契約締結時に主債務者が情報提供義務に違反すれば、根保証契約が取り消される可能性があります。

その他の主な改正ポイント

不動産売買に関する危険負担について債務者主義が採用された

● 隔地者間の契約成立時期

　改正前の民法では、隔地者間（場所的に離れた者同士の場合）の契約の申込みは到達主義であるのに対し、その承諾は発信主義でした（承諾の発信時に契約が成立するとしていました）。したがって、たとえば他の都道府県に在住する買主Aが建物の売買契約において、買いたい旨の申込みを行ったのに対して、売主Bが承諾の意思表示を発信した時点で契約は成立するとされていました。しかし、情報通信技術が発達して意思表示が届くまでの時間が大幅に短縮されたため、債権法改正により隔地者間の契約の承諾も到達主義を採用することになりました（97条1項）。前述の事例で、売主Bの承諾の意思表示が買主Aに到達時点で、売買契約が成立するものと改められたということです。

● 危険負担

　たとえば、不動産業者が販売用の中古住宅として、ある建物の購入をしようと、建物の売買契約を締結したとしましょう。しかし契約締結後に、落雷によって当該建物が焼失してしまった場合に、売主が負担する目的物（建物）引渡し債務と、買主が負う代金支払債務がどのように扱われるのかというのが、危険負担に関する問題です。債権法改正によって、不動産売買に代表される特定物の所有権移転などに関して、危険負担の債権者主義を採用する改正前民法の条文が削除されました。改正前の民法の規定に従うと、前述の事例で、売主は自己に何ら落ち度がない理由によって、建物が既に焼失しているため、建物を買主に引き渡す債務から解放されます。しかし一方で、既に契約締

結後であるため、目的物の焼失等の危険については買主に移転したものと扱われ、買主は目的物である建物を手に入れられないにもかかわらず、売買代金だけは支払わなければなりませんでした。しかし、この結論はあまりにも不合理です。そのため改正前から、契約の解釈によって、債権者主義が適用されるのを防ぐべく努力が重ねられてきました。改正後は、「当事者双方の責めに帰することができない事由によって債務を履行することができなくなったときは、債権者は、反対給付の履行を拒むことができる」(536条1項)と規定し、両当事者に帰責事由がない事情で履行不能になった場合には、両当事者が自身の債務の履行義務から解放される制度が整えられました。これは改正前民法における債務者主義と同じと考えられます。

● **請負**

たとえば、建売住宅を不動産業者自身が建てて売却する場合に、工事請負契約を締結する場合がありますが、完成した建物に欠陥が見つかる場合があります。この場合における請負人の責任を定めた規定(請負人の担保責任)が改正前から置かれていましたが、債権法改正により請負人の担保責任の規定が削除され、売主の契約不適合責任の規定を準用することになりました(559条)。請負人が完成させた目的物に契約不適合がある場合、注文者には、履行追完請求権、報酬減額請求権、損害賠償請求権、契約解除権が発生します。

請負人の担保責任の削除に関しては、完成目的物が「建物その他の土地の工作物」(建物等)の場合、その建物等に瑕疵があっても注文者は請負契約を解除できない旨の規定(改正前635条ただし書)を削除したことが重要です。これにより、当事者の特約がなければ、建物等の契約不適合を理由に、注文者は契約解除権を行使できます。

また、完成目的物を問わず、請負人の契約不適合責任の追及期間は、原則として債権一般の消滅時効の期間内となりました(223ページ)。

第8章

不動産に関する税金のしくみ

編集部編

不動産に関連する税金について知っておこう

不動産にかかる税金は金額が大きく、経済にも多くの影響を与える

● 取得段階でかかる税金

　不動産を取得すると、不動産取得税、登録免許税、印紙税など、さまざまな税金の支払いが必要です。

　不動産取得税は、不動産を取得することができる＝税金の支払能力があるとみなされることで課されます。支払先は国ではなく都道府県になります。不動産を持つこと、あるいは持ち主が変わったことで課される税金が登録免許税です。契約書に貼付する印紙には、印紙税がかかります。登録免許税・印紙税は国に納められます。

　また、不動産の取得には消費税も課税されます（ただし、土地に対する消費税は政策上の理由で非課税）。課税対象が大きいので、支払う消費税額も大きな負担となりますが、事業者ではない個人間の中古建物の売買であれば消費税はかかりません。

　なお、不動産の取得方法には自分で新たに取得する他に、相続や遺贈、贈与によるものがあります。相続や遺贈によって不動産を取得した場合には相続税や贈与税の課税対象となります。現金で相続や遺贈を受け、その現金で不動産を取得した場合も同じ扱いとなります。

● 固定資産税の対象になる期間

　固定資産税は一定以上の大きさを持つ資産を保有していることに対して課せられる税金です。不動産も課税の対象となり、その不動産が都市計画区域内にある場合は都市計画税の課税対象にもなります。当然ながら、居住するために入手した土地や住宅に対しても課税されるわけですが、住宅用地や一定の住宅を新築または改築した場合には、

軽減措置が設けられています。

譲渡所得が発生する場合

不動産を取得したときよりも高い価格で処分した場合、売却益が発生します。この売却益も課税対象となりますが、軽減措置を受けることができる場合があります。

不動産所得が発生する場合

自分が所有している不動産を他人に賃貸して得た利益が、不動産所得です。不動産所得のうち課税の対象となるのは、利益から必要経費を差し引いた部分になります。また、所得控除も受けることができます。

■ 不動産の取得・保有・事業経営・売却と税金の種類

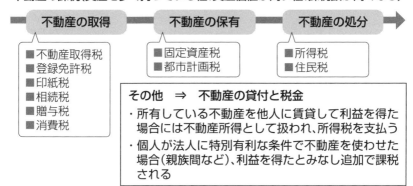

取得費と譲渡費用について知っておこう

建物の取得費は、減価償却費分を差し引いて計算する

● 取得費とは

　土地や家屋の取得費とは、その土地・家屋の購入時に必要になった購入代金や建築代金、購入手数料などの購入代金等合計額です。そこには設備費や改良費、土地や家屋の購入時に納めた不動産取得税や印紙税などの税金、土地の埋立てや土盛りのための造成費用の他、土地の取得の際に支払った測量費なども含まれます。ただし、建物の場合は、年月が経つと次第に財産の価値が減るので（減価償却といいます）、取得費もその分だけ減るように定められています。

　具体的には、その建物の購入代金・建築代金や購入手数料などの購入代金等合計額から、年月の経過とともに減少した価値の累計額である減価償却費相当額を差し引きます。

● 減価償却費相当額の算定

　建物の減価償却費相当額については、建物の構造ごとに法定耐用年数（期間の経過によって価値が減少するような資産について、減価償却費を計上する年数のこと）が定められています。事業用の木造建築の場合には22年です。また、非事業用つまり居住用の場合はその1.5倍である33年になります。事務所用の鉄筋コンクリート造の建物の場合は50年です。

　法定耐用年数が過ぎると、平成19年3月31日以前に取得した建物の価値は購入代金等合計額の10％になります（これを残存価額といいます）。平成19年4月1日以降に取得した建物の価値は1円になります。

　居住用の木造建築の場合で、購入代金等合計額が2000万円だった場

合、33年経つとそれ以降、建物の価値は200万円（平成19年3月以前に取得）か1円（平成19年4月以降に取得）になるわけです。

　法定耐用年数までは、経過年数に応じて価値が下がっていきます。たとえば、居住用木造建築の場合は、購入後1年ごとに、購入金額の90％（平成19年3月以前に取得）あるいは100％（平成19年4月以降に取得）の33分の1だけ価値が下がります。税金の実務では、33の逆数に相当する、0.031の償却率を掛けて計算します。

　平成19年3月以前に購入代金等合計額が2000万円で購入した建物が10年経ったときには、2000万円の90％の額に、0.031を10倍した数値を掛けた558万円が減価償却されていて、その時点での建物の価値は1442万円になります。これが、その時点で計算した建物の取得費になります。

● 譲渡費用とは

　譲渡費用とは、土地・建物を売却するために直接かかった費用です（下図参照）。修繕費や固定資産税など、土地・建物の維持・管理のためにかかった費用は、売却するために直接かかった費用ではないため、譲渡費用には含まれません。同様に、売った代金の取立てのための費用なども、譲渡費用には含まれません。

■ 譲渡費用にあたるもの

① 売却時の仲介手数料　② 売却のために測量した場合の土地の測量費
③ 売買契約書等の印紙代　④ 売却のために借家人に支払った立退料
⑤ 土地を売るためにそこに建てられていた建物を取り壊した場合の、その建物の取壊し費用と取得費（減価償却後）
⑥ すでに行っていた土地・建物の売却契約を解除して、よりよい条件で売却することにしたときに発生した違約金
⑦ 借地権を売るときに土地の貸主の許可をもらうために支払った費用

③ マイホームや事業用資産の特例について知っておこう

軽減税率や控除などで所得税額を抑えることができる

● マイホームの特例

マイホームを売却した場合、特例により所得税の計算上では優遇されています。具体的には以下のような特例があります。

・**所有期間が10年を超えると軽減税率が適用される**

10年以上住んでいたマイホームを売った場合、通常の長期譲渡の税率よりも低い税率が適用されます。通常は所得税および復興特別所得税15.315%、住民税5%で、合計20.315%です。それに対し、マイホームを売った場合、長期譲渡所得のうち6,000万円以下の部分については所得税10.21%、住民税4%の合計で14.21%と、税率が軽減されています。

・**3000万円控除の特例**

マイホームを売却した場合、譲渡所得から3000万円が特別に控除される税法上の特例があります。適用を受けるための要件は、図（次ページ）の通りです。

・**マイホームの買換え特例**

購入した時の価格よりも高い価格で自宅を売却した場合、譲渡所得が発生し、税金が課せられます。この税金を次の自宅買い替えまで繰り延べることができる特例があります。繰り延べられた税金は、買換えた自宅を将来売却するときに、支払うことになります。

・**住宅ローンが残っているマイホームを売却した場合**

償還期間が10年以上の住宅ローンが残っている自宅を購入時より低い価格で売却し、譲渡損失が生じた場合、その損失を他の所得から控除（損益通算）することができます。また、ローン残高より低い価格で売却した場合にも、残ったローン部分の損失を他の所得と損益通算

することができます。いずれの特例も、損益通算で控除しきれない損失は、3年間繰り越して控除することができます。

● 平成27、28年以降に購入した土地等を売却した場合の特例

平成21年および平成22年に取得した国内にある土地等を5年以上所有し、平成27年および平成28年以降に譲渡した場合、その譲渡した年の長期譲渡所得全体の金額から最大1000万円を控除することができます。

● 事業用資産の買換え特例とはどんな特例か

工場や店舗として使用する土地や建物など、事業のために使われる資産のことを事業用資産といいます。事業用資産の買い替え特例とは、マイホームの買換え特例同様、譲渡益に対する課税を将来に繰り延べる特例です。事業を営む個人が事業用資産の買換えを行った場合が対象となります。手放した資産の売却額と同程度か高い資産を購入した場合は売却額の20％の金額を、また、安い資産を購入した場合には手放した資産の売却額から買い換えた資産の購入金額の80％を差し引いた額を、収入金額として譲渡所得を計算します。

■ 3000万円控除を受けるための要件

① 自分が住んでいる建物を売るか、その自宅建物と一緒に建物が立っている土地（借地権の場合も有効）を売ること

② 自宅建物を売った年の前年と前々年に、このマイホームを譲渡した場合の3000万円の特別控除の特例や、マイホームの買換えやマイホームの交換の特例やマイホームの譲渡損失についての損益通算および繰越控除の特例の適用を受けていないこと

③ 売却した土地・建物について、公共事業などのために土地を売った場合の特別控除など他の特例の適用を受けていないこと

④ 売った側と買った側の関係が、親子や夫婦、内縁関係にある人、生計を一にしている親族、特殊な関係のある法人などの特別な間柄ではないこと

不動産取得税について知っておこう

取得時期や不動産の種類によって、受けられる優遇措置が異なる

● 不動産取得税とは

　不動産取得税は、不動産（土地や建物）を購入するなどして手に入れた場合に、その不動産を取得した人に課される税金です。不動産取得税の基準となる不動産の価格は、実際に購入した価格ではなく、固定資産課税台帳に登録されている価格です。不動産取得税は、取得した不動産の価格（課税標準額）に税率を掛けて算出されます。ただし一定の建物では、一定期間、税額を優遇する特例が適用されます。また、本来の税率は4％ですが、土地・家屋の取得時期に応じて一時的に税率が軽減されています。たとえば、同じ家屋であっても住宅用に取得した場合は、平成30年3月31日までは税率が3％となっています。

● 建物についての不動産取得税の特例

　新築住宅を建築または購入により取得した場合、特例適用住宅の基準を満たすと、課税標準額から1200万円が控除されます。特例適用住宅の基準は、住宅の床面積が50㎡以上240㎡以下（貸家である共同住宅の場合は40㎡以上240㎡以下）です。さらに、特例適用住宅の中でも「認定長期優良住宅」では、控除額は1300万円になります。ただし、取得時期が平成30年3月31日までと限定されています。

　また、中古住宅を取得した場合は、自分の居住用で床面積が50㎡以上240㎡以下であり、かつ、昭和57年1月1日以後に新築されている場合の控除の特例が定められています。控除額は、住宅の新築された日が平成元年4月1日から平成9年3月31日までの場合は1000万円、平成9年4月1日以降の場合は1200万円とされています。昭和57年1月

1日以後に新築された住宅でない場合でも、耐震改修工事が行われている等の要件を満たしていれば、新築された日に応じた額が税額から減額されます。なお、宅地建物取引業者が販売目的で中古住宅を取得した場合も、一定の要件を満たせば一時的に同様の特例を適用できます。

● 土地についての不動産取得税の特例

　前述の特例が適用される住宅用家屋が建っている土地についても、特例として取得時の不動産取得税が軽減されます。特例は、土地を先に取得する場合と、住宅より後に土地を取得する場合の2つのパターンに分けて要件が定められています。土地の特例の場合は、課税標準額からの控除ではなく、当初の税額から一定額が直接減額されます。

　減額される税額は、以下の通りです。ただし、算出した金額が45,000円に満たない場合は、45,000円になります。また、住宅の床面積を2倍した金額については、200㎡が限度です。

　（土地1㎡当たりの価格）×（住宅の床面積×2）×3％

　なお、上記計算式における土地の価格については、課税標準額を基準とします。平成30年3月31日までの取得については、取得した不動産の価格を2分の1とした後の土地1㎡当たりの価格を使用します。

■ 不動産取得税の内容と税額の算出方法

内　　容	不動産を購入した場合や建物を建てた場合に、その土地や建物を取得した人に課される税金。毎年納税するのではなく、取得時の1回だけ納税する。
算出方法	取得時の固定資産課税台帳登録価格 × 税率 （ただし、軽減措置あり）
税　　率	平成20年4月1日から平成30年3月31日までに取得した場合の税率は以下の通り 　　・土地、住宅用家屋 ➡ 3％　・住宅以外の家屋 ➡ 4％

土地や建物を賃貸した場合の税金について知っておこう

事業として得た不動産所得は青色申告の対象になる

● 不動産所得の計算方法

　土地建物等の不動産を貸し付けることで得た地代、家賃などの所得を不動産所得といいます。不動産所得には所得税がかかります。

　不動産所得の収入に含まれる金額は、その年の1月1日から12月31日までの間に、家賃や地代として確定した金額の合計額です。家賃や地代として確定した日とは、契約や慣習などにより支払日が定められている場合はその支払日、支払日が定められていない場合は実際に家賃等が支払われた日のことです。また、名義書換料、更新料、敷金や保証金のうち返還されないものなども収入に含まれます。

　不動産所得とは、その年の地代等の総収入金額から必要経費を控除した金額です。さらに、一定水準の記帳をして正しい申告をする人には、所得税の計算において有利となる青色申告の選択が認められています。青色申告者は、必要経費を差し引いた残額から「青色申告特別控除額」を控除した金額が不動産所得になります。

　満額の青色申告特別控除（65万円）の適用を受けるには、上記条件の他、不動産の貸付が「事業」として行われていることが必要です。事業とであるかどうかは、社会通念に照らし事業的規模であるかどうかによります。ただし次のいずれか1つに該当する場合は、形式基準として「事業」として行われているものと判定します。

① 　貸間、アパート等については、貸与することができる独立した室数がおおむね10以上であること
② 　独立家屋の貸付については、おおむね5棟以上であること

● 不動産所得の必要経費

　不動産所得にかかる必要経費には、貸し付けた土地や建物などの不動産取得税、登録免許税、固定資産税、修繕費、損害保険料、減価償却費、借入金の利息、管理人の給料などが含まれます。

　なお、赤字になった場合には、損益通算を行うことができます。ただし、土地等の取得のために要した借入利子に相当する金額までは、通算できません。借金の利息分まで相殺（互いにもつ債権を対当額の範囲で消滅させること）することはできないということです。たとえば、不動産所得の金額が赤字100、借入利息が80、うち土地を取得するために要した利息が40とします。赤字100のうち40までは損益通算できません。100−40＝60を他の黒字の所得と通算することになります。

● 超過累進税率による総合課税

　不動産所得の金額は、他の所得と合算して、超過累進税率により総合課税（合算の対象となる所得を合計して税額を計算・納税する課税方式）されます。

■ 不動産所得の計算方法

不動産所得 ＝ 不動産を利用して得た収入金額[※1] − 必要経費[※2]

[※1] 収入金額：家賃・貸間代・権利金・更新料・名義書換料などの収入

[※2] 必要経費：修繕費・固定資産税・都市計画税・火災保険料・管理人の給料・借入金利子・減価償却費 など

減価償却費の計算
- 定額法 ----→ 取得価額 × 耐用年数に応じた償却率 × その年中の業務に供した月数 / 12
- 定率法 ----→ （取得価額−減価償却累計額）× 耐用年数に応じた償却率 × その年中の業務に供した月数 / 12

※　平成19年4月1日以後に取得した資産の場合

6 不動産の売却と税金について知っておこう

不動産を売却した場合には確定申告をする必要がある

● 不動産を売却して得た利益に所得税がかかる

　収入で利益を得ると税金がかかります。原則として全部で10種類ある各所得を合計して、その全体の所得に税金がかかる形になります。これを総合課税といいます。しかし、土地や建物を売った場合は、申告分離課税という方式が適用され、他の所得とは合計せずにそれ単独で税金を計算するしくみになっています。土地や建物を売った時の所得は、10種類あるうちの譲渡所得になります。なお、申告分離課税には確定申告が必要です。

　土地や建物を売ったときの譲渡所得は、その売った価格から取得費と譲渡費用を引いた額になります。なお、取得費とは、その土地・建物を購入した価格、譲渡費用はその土地・建物を売るのに必要とした費用のことです。

● 税率はどうなるのか

　土地・建物の譲渡所得にかかる税率は、その不動産の所有期間の長短によって異なってきます。所有期間が5年以下の場合を短期譲渡、所有期間が5年を超える場合を長期譲渡といい、短期譲渡では税金が高率になっています。正確には、売却した年の1月1日時点の所有期間が5年以下のときに短期譲渡になり、譲渡した年の1月1日時点の所有期間が5年を超えていたときに長期譲渡になります。

　短期譲渡の場合は、税率は国税である所得税が30%、地方税である住民税が9%で、合計で39%です。長期譲渡の場合は、所得税が15%、住民税が5%で、合計で20%です。

なお、平成25年から平成49年までの所得には、従来の所得税に2.1％を掛けた復興特別所得税がかかります。

● 取得日や譲渡日がいつかを確かめる

短期譲渡と長期譲渡で税金の額が異なりますし、他にも税金上の特例がありますので、土地・建物の取得日と譲渡日が正確にいつであるのかは大事な問題になります。

取得日つまり購入などの手段によってその土地・建物を取得した日については、それが購入であった場合は、引渡日と契約日のどちらか好きな方を選択できます。ただし、新築の建物を購入する場合は、契約日を選択することはできず、引渡日が取得日になります。

譲渡日つまり売却などの手段によってその土地・建物を譲渡した日も、引渡日と契約日のどちらか好きな方を選択できます。

不動産を取得・売却する際には、いつが取得日・譲渡日になるのかを確認することが大切です。

■ 土地・建物を譲渡した場合の税金

土地・建物の譲渡所得 ＝ 譲渡による収入金額 －（取得費＋譲渡費用）

長期譲渡所得 → 譲渡した年の1月1日において所有期間が5年を超えるもの

「所有期間」とは、土地や建物の取得の日から引き続き所有していた期間をいう。この場合、相続や贈与により取得したものは、原則として、被相続人や贈与者の取得した日から計算する。

短期譲渡所得 → 譲渡した年の1月1日において所有期間が5年以下のもの

固定資産税、都市計画税について知っておこう

土地、家屋、償却資産に対して課税される

● 固定資産税とは

　毎年1月1日現在、土地、家屋などの不動産、事業用の償却資産（機械及び装置、パソコン、金型等）を所有している人が、その固定資産の価格をもとに算定される税額を、その固定資産の所在する市町村に納める税金です。固定資産税は、固定資産の価格である固定資産税評価額に一定の税率1.4％（標準税率）を掛けて求めます。土地は土地登記簿、家屋は建物登記簿によって課税対象の把握ができますが、償却資産についてはこれに相当するものがないため、市町村内に事業用資産を所有している者は、毎年1月1日現在の所有状況を1月末日までに申告する必要があります。

● 固定資産税の特例

　固定資産税の税額には、いくつかの特例が設けられています。住宅用地の特例とは、住宅の敷地の用に供されている土地についての税負担を軽減するためのものです。小規模住宅用地（住宅1戸につき200㎡までの部分）は固定資産税評価額の6分の1、一般住宅用地（小規模住宅用地以外の住宅用地）は固定資産税評価額の3分の1が課税標準額になります。新築住宅の減額とは、新築された住宅が一定の要件を満たす場合に、家屋の固定資産税が2分の1に減額される措置です。その他、耐震改修をした場合の減額、省エネ改修をした場合の減額、などの特例があります。

● 固定資産税は誰が納めるのか

　固定資産税の納税義務者は不動産の所有者です。毎年1月1日にその不動産を所有している者に対して納税通知書が送付されます。1月2日に不動産を手放したとしても、1月1日に不動産を所有している限り、その年1年間の固定資産税の全額を支払う義務があります。土地や建物を複数人で所有している場合、所有者全員が共同で固定資産税を納付する義務があります。

● 都市計画税とは

　都市の整備に充てるための財源として、市街化区域内の土地や家屋に課税される地方税です。都市計画税の税額は、固定資産税評価額に一定税率を掛けて算出し、固定資産税と同時に市区町村に対して納税します。なお、住宅1戸あたり200㎡までの住宅用地については価格の3分の1、200㎡を超える部分については価格の3分の2を課税標準額とする特例措置があります。

■ 固定資産税の計算式と特例

〈固定資産税額の計算式〉
固定資産税額＝固定資産税課税標準額×1.4％

- 一般住宅用地に関する特例
  固定資産税評価額×$\frac{1}{3}$
- 小規模住宅用地（200㎡以下）に関する特例
  固定資産税評価額×$\frac{1}{6}$
- 新築住宅の税額軽減
  新築住宅で50㎡以上280㎡以下のものは、3年間（3階建て以上の耐火建築住宅は5年間）一定面積（120㎡）に対応する税額を$\frac{1}{2}$に減額
- 耐震改修の税額軽減
  昭和57年1月1日以前の住宅について一定の耐震改修工事をした場合、翌年度分の税額を$\frac{2}{3}$減額

第8章　不動産に関する税金のしくみ

8 住宅ローン控除について知っておこう

最大で10年間にわたり、毎年40万円程度の税金が戻ってくることもある

● 住宅ローン控除とは

　住宅ローン控除とは、住宅ローンの残額に応じて、所得税、住民税を控除する制度で、住宅取得を促進するための制度です。具体的には、平成31年6月までに入居した場合に10年間、ローンの年末における残高4000万円（住宅の代金に含まれる消費税率が8％または10％以外である場合は2000万円）を限度に、年末の住宅ローン残高から1％が所得税額から控除されます。さらに、この制度は住宅のリフォームなどにも利用することができます。

　控除を受けるには、住宅、年収、ローンについてさまざまな条件を満たす必要があります。住宅については、①床面積が50㎡以上であること、②中古住宅は築後20年以内（マンションなどの場合は25年以内）であること、または一定の要件を満たした耐震住宅であること、③増改築した場合には工事費用が100万円を超えており、その半分以上が居住用部分の工事であること、④店舗併用住宅の場合には床面積の半分以上が居住用になっていること、などが条件となっています。年収については特別控除を受ける年は3000万円以下であること、ローンについては返済期間が10年以上であること、といった条件があります。なお、贈与により住宅を取得した場合や生計を一にする親族等から住宅を取得した場合については、住宅ローン控除を受けることはできません。

　認定長期優良住宅または認定低炭素住宅に平成31年6月までに入居した場合は、毎年50万円（10年間で合計500万円）まで住宅ローン控除を利用することができます。

● その他の住宅ローン減税制度

省エネ改修促進税制とは、自身が所有・居住する住宅について一定以上の省エネ改修工事を行った際、所得税額の軽減措置を受けることができる制度です。また、バリアフリー改修促進税制とは、自身が所有・居住する住宅について一定以上のバリアフリー改修工事を行った際、所得税額の軽減措置を受けることができる制度です。

特定増改築等住宅借入金等特別控除とは、バリアフリー改修工事や省エネ改修工事などの増改築等（特定の増改築等）を行い、一定の要件を満たした場合に、ローン残高1000万円を限度とし、所得税額から5年間で最高62.5万円（各年の最高は12.5万円）の控除を認める制度です。

住宅特定改修特別税額控除とは、省エネ改修工事などにかかった費用（最高250〜500万円、太陽光発電工事が含まれる場合は350〜600万円）の10％を所得税額から控除する制度です。

■ 住宅税制

住宅ローン減税制度の概要

税額控除（ローン残高×控除率）	一般	認定住宅	バリアフリー改修	省エネ改修
適用居住年	※適用居住年は平成25〜31年6月 控除期間は10年間		適用居住年は平成29年4月〜平成33年12月 控除期間5年	適用居住年は平成29年4月〜平成33年12月 控除期間5年間
控除率	控除率1%（最高40万円 ※各年）	控除率1%（最高50万円 ※各年）	控除率1.0%〜1.2%（最高12.5万円 ※各年）	控除率1.0%〜1.2%（最高12.5万円 ※各年）

※トータルの最大控除額や、借入限度額についても規定あり

住宅ローン控除の手続きと注意点について知っておこう

初年度は確定申告をする必要がある

● どんな手続きが必要なのか

　住宅ローン控除を受けるには、確定申告をする必要があります。会社勤務の人も、初年度については確定申告をします。申告は、入居した翌年の確定申告期間（2月16日〜3月15日）に行わなければなりません。確定申告の際は、必要書類を揃えて提出する必要があり、初年度と2年目以降では必要書類が異なります。また、会社勤務の人であれば2年目以降は年末調整で住宅ローン控除の手続きを済ますことができます。住宅ローンの控除額が所得税額を上回った場合、住民税も控除の対象になります。この場合、所得税では控除しきれなかった部分が翌年分の住民税から控除されます。ただし、住民税の控除にも上限が設けられており、控除限度額は前年分の所得税の課税所得×7％（最大13万6500円）です。

● 資金調達に関する調査

　税務署は、贈与税の把握のために、マイホームを取得した人の中から何人かを抽出して、「購入した資産についてのお尋ね」という書類を送付しています。書類は、物件の概要から始まり、取得するための資金の内訳や支払先、資金の調達方法まで、マイホームの取得資金に関するお金の出入りについて、非常に細かいことを聞いてきます。ローンや借金についても、借入期間や利息を細かく書くように要求されます。親から借金をして購入した場合でも、きちんと借用書を書いて、借入期間や利息を明記しておかないと、贈与とみなされます。

　また、拠出したお金の割合通りに持ち分が登記されていなければ、

そのお金は贈与されたものとみなされ、課税対象になります。夫婦が共有する形で住宅の持分を登記する際は、実際の購入資金の負担分通りに登記する必要があります。

● 住宅ローン減税や住宅資金贈与の特例を受ける条件

住宅ローンや住宅資金贈与の特例を受けるためには、床面積が50㎡以上である必要があります。減税や特例を受けるための基準になるのは、不動産登記法の床面積（内法面積）です。不動産のパンフレットは、壁心面積が床面積の表示に採用されているため、内法面積を必ず確認する必要があります。

■ 住宅ローン控除の条件

	注意点
ローン	・返済期間が10年以上のローンであること ・自分が住むための住宅の購入や新築であること ・工事費100万円以上の大規模な修繕・増改築、マンションのリフォームであること
入居者	・住宅を取得してから6か月の間に入居していること ・入居した年の前後2年間に3000万円の特別控除の特例や特定の居住用財産の買い替え特例を受けていないこと ・その年の合計所得金額が3000万円以下であること
住宅	・登記簿上の床面積が50㎡以上であること ・中古住宅の場合、築20年（マンションなどの耐火建築物については築25年）以内の建物、または一定の耐震基準を満たす建物であること
必要書類	・売買契約書や請負契約書 ・土地や建物の登記事項証明書 ・住民票 ・源泉徴収票 ・ローンの年末残高証明書 ・確定申告書 ・住宅借入金等特別控除額の計算明細書

【監修者紹介】
松岡　慶子（まつおか　けいこ）
認定司法書士。大阪府出身。神戸大学発達科学部卒業。専攻は臨床心理学。音楽ライターとして産経新聞やミュージック・マガジン、クロスビート、CDジャーナルなどの音楽専門誌等に執筆経験がある。2013年4月司法書士登録。大阪司法書士会会員、簡裁訴訟代理関係業務認定。大阪市内の司法書士法人で、債務整理、訴訟業務、相続業務に従事した後、2016年に「はる司法書士事務所」を開設。日々依頼者の方にとって最も利益となる方法を模索し、問題解決向けて全力でサポートしている。
監修書に『図解で早わかり　商業登記のしくみ』『図解で早わかり　不動産登記のしくみと手続き』『福祉起業家のためのNPO、一般社団法人、社会福祉法人のしくみと設立登記・運営マニュアル』『入門図解　任意売却と債務整理のしくみと手続き』（いずれも小社刊）がある。

はる司法書士事務所
大阪府大阪市中央区平野町3-1-7　日宝平野町セントラルビル605号
電話：06-6226-7906
mail　harulegal@gmail.com
http://harusouzoku.com

事業者必携　これならわかる
最新　不動産業界の法務対策

2017年8月10日　第1刷発行

監修者	松岡慶子	
発行者	前田俊秀	
発行所	株式会社三修社	
	〒150-0001　東京都渋谷区神宮前2-2-22	
	TEL　03-3405-4511　FAX　03-3405-4522	
	振替　00190-9-72758	
	http://www.sanshusha.co.jp	
	編集担当　北村英治	
印刷所	萩原印刷株式会社	
製本所	牧製本印刷株式会社	

©2017 K. Matsuoka Printed in Japan
ISBN978-4-384-04755-4 C2032

JCOPY〈出版者著作権管理機構　委託出版物〉
本書の無断複製は著作権法上での例外を除き禁じられています。複製される場合は、そのつど事前に、出版者著作権管理機構（電話 03-3513-6969　FAX 03-3513-6979　e-mail: info@jcopy.or.jp）の許諾を得てください。